任正非：
哪有什么天生强人，有的只是强忍

李瀛灏 孙汗青◎著

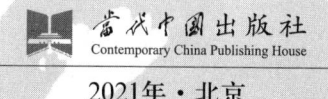

2021年·北京

图书在版编目（CIP）数据

　　任正非：哪有什么天生强人，有的只是强忍 / 李瀛灏，孙汗青著 . -- 北京：当代中国出版社，2021.1
　　ISBN 978-7-5154-1029-6

　　Ⅰ . ①任… Ⅱ . ①李… ②孙… Ⅲ . ①任正非－传记 Ⅳ . ① K825.38

　　中国版本图书馆 CIP 数据核字（2020）第 076409 号

出 版 人	曹宏举
责任编辑	陈　莎
策划支持	华夏智库·张　杰
责任校对	康　莹
出版统筹	周海霞
封面设计	回归线视觉传达
出版发行	当代中国出版社
地　　址	北京市地安门西大街旌勇里 8 号
网　　址	http://www.ddzg.net　邮箱：ddzgcbs@sina.com
邮政编码	100009
编辑部	（010）66572264　66572154　66572132　66572180
市场部	（010）66572281　66572161　66572157　83221785
印　　刷	三河市长城印刷有限公司
开　　本	710 毫米 ×1000 毫米　1/16
印　　张	14 印张　220 千字
版　　次	2021 年 1 月第 1 版
印　　次	2021 年 1 月第 1 次印刷
定　　价	56.00 元

版权所有，翻版必究；如有印装质量问题，请拨打（010）66572159 转出版部。

女儿被捕是任正非人生的"至暗时刻"

2018年12月1日,任正非的女儿孟晚舟在加拿大被扣留,目前虽已获得保释,但还是有可能被引渡到美国。这是74岁的任正非人生中又一个至暗时刻。他内心痛苦,却还是表现出淡定自若的"奋斗者精神"。

根据任正非叙述:"孟晚舟和我本来是去阿根廷开同一个会议,而且她还是会议的主要主持者。她是在加拿大转机时不幸被扣留的。我晚她两天出发,是从另外的地方转机。我们会通过法律程序来解决这件事情。作为孟晚舟的父亲,首先感谢中国政府维护孟晚舟作为中国公民的权益,为她提供了领事保护。我也感谢社会各界人士对孟晚舟的支持、关心和关注。"任正非相信女儿的事情一定会搞清楚。他说:"她被拘押以后,我作为父亲是很心疼的,孩子怎么能受这样的折磨呢?但是,已经发生这个事了,怎么办?还是要依靠法律来解决问题。我们自认为,我们是不可能有犯罪行为的。我们公司那么严格地要求自己、管理自己,怎么可能违法呢?美国抓她,将来也要把证据一点点公开,通过法庭的判决来进行。"

华为公司也就孟晚舟的清白发表了声明:"近期,我们公司CFO孟晚舟女士在加拿大转机时,被加拿大当局代表美国政府暂时扣留,美国正在寻求对孟晚舟女士的引渡,孟晚舟女士面临纽约东区未指明的指控。关于具体指控提供给华为的信息非常少，华为并不知晓孟女士有任何不当行为。公司相信，加拿大和美国的法律体系最终会给出公正的结论。华为遵守业务所在国的所有适用法律法规，包括联合国、美国和欧盟适用的出口管制和制裁法律法规。"

任正非在谈到女儿的时候总是带着一些歉意，觉得与女儿不够亲近。因为孟晚舟还很小的时候，自己参军在外，一年只有一个月能与孩子们在一起。任正非说："我有3个小孩，其实我都很关注他们，但是他们每个人都有自己的个性，我们之间不能经常和谐相处。晚舟这个孩子，在她小的时候，我当兵去了。当兵远离家里，她成长时期是妈妈带的。我每年有11个月见不到她，见到她的1个月，她白天要去上课，晚上要做作业，然后就睡觉了。我们相处的时间很短，但是她很努力，而且她也很会为人处事。"在创立华为公司以后，任正非要为企业的生存而奋斗，他说，"我每天在办公室待16个小时，基本上没时间和家人在一起。我能说的就是，作为一个父亲，我觉得我亏欠他们"。因此，任正非在2019年1月15日在深圳华为总部接受媒体采访时说，"作为孟晚舟的父亲，我非常想念她"。他想起上小学的孟晚舟有一次笑着对自己说，"爸爸，如果将来我考不上大学，你要为此负责哦"。任正非曾被分配到部队的某个科研基地，幼小的女儿扬头对他说了一句："爸爸，这地方好荒凉。"言者无意、听者有心，当时女儿的话语使他心绪难平。因此，在这人生的至暗时刻，任正非尤其不愿意相信女儿是因自己而被拘留，他说，"我无法获悉美国司法部和加拿大司法部之间往来的电子邮件。如果他们将来将这些证据公之于众，届时我将能够推测出，孟晚舟遭拘留的首要原因是否是因为她是我的女儿"。

大概就是因为对女儿的种种歉意，任正非才与家人团聚，后来又与家人一起到深圳开拓事业。此时，任正非靠退伍金度日，他和妻子的收入都不多。此后，任正非到深圳南油集团上班，薪水仍旧微薄，一家人都挤在一间漏雨、透风的屋子里。孟晚舟在《风筝》一文中回忆道："外面下大雨，里面下小雨，四面透风的屋子里，隔壁邻居说话都听得见。"这样的生活虽然看起来很艰辛，但一家人团聚在一起，或许这是一家人最幸福的时光。

后来，女儿进了华为。全家本来都支持孟晚舟申请出国留学，但在接到录取通知书后面签时，因被怀疑存在移民倾向而遭到拒签。因此，任正非对女儿说："来华为打杂吧。社会阅历的第一条是对人要有认识，打杂的经历有助于积累这些经验。"1997年孟晚舟在华中理工大学攻读会计专业硕士学位，一年后完成学业，进入华为公司财务部。

孟晚舟全身心投入工作，甚至在结婚、怀孕期间仍坚守岗位。华为的工作就是她的事业。任正非在回忆女儿的这一段成长经历时，充满欣慰："我记得她在华中理工大学读书时，她妈妈告诉我给她一点钱，我给她10000元，她读完书给我退回9500元，她很节约、很省。她第一次去莫斯科参加展览会的时候，我给了她大概5000美元，她回来以后退回了4000多美元，只用了一点点。但是她在学习上非常努力，IBM引进IFS时，她是项目经理，非常努力，而且一二十年她一直在这个项目中，所以她深刻地理解项目管理，并且她把财务做得很好。财务做得很好的人，关注的是平衡、管理和效率。"任正非如此评价女儿，"她凭着自己的能力，在华为努力地工作"。孟晚舟在华为"隐姓埋名"，未享受任何特殊关照。她凭着自己的实力，脚踏实地地工作，不仅站稳了脚跟，还历任华为香港公司首席财务官、华为国际会计部总监、财务管理部总裁（CFO）。

女儿被拘留是任正非的至暗时刻，也是孟晚舟的至暗时刻。这样的时刻更拉近了父女之间的关系。任正非在接受中国台湾CTV专访时表示，此前两人都忙，与女儿沟通很少，"现在，我们每隔几天就会通电话，我们闲聊，讲笑话，我给她讲一些我在网上读到的轶事。加拿大的这件事让我和女儿的关系更紧密了"。这表现出任正非奋斗者的柔情。

在这样的时刻，孟晚舟同样也表现出在至暗时刻的沉着。这源于任正非的长期教导。他说："现在她在软禁状态下，每天在网上学习几门功课，意志并没有衰退，公司重大问题还在网上跟她协商。因此，我不能完全从父亲的角度看儿女情长，也要看到儿女要自由飞翔。每个小孩都要有个性。我的小孩个性都很强，都很努力，都想自己变优秀。父母不能要求儿女都在身边，跟自己和谐相处。我们觉得个人成长对他们很重要。我认为，这次磨难对她来说应该也是人生难得的机会，而且这么大一件事，我相信对她未来成长一定是大有裨益，要感谢美国政府给孟晚舟插上一双坚强的翅膀，她将来会飞翔得更好。"

回到接班人的话题。任正非对华为接班人的要求很高，即使像孟晚舟这样经受磨难之后，已得到很大锻炼，仍然与任正非的接班人标准有距离。由此可见，任正非对华为的未来还有更大的期许。针对中国台湾CTV的进一步提问，任正非说："自古英雄多磨难。没有伤痕累累，就不会有皮糙肉厚。她这次的磨难，对她个人是很大锻炼，会坚强她的翅膀，她会有更大的作为。但是她是管理者出身，她的横向管理能力很强，而作为领袖是要求纵向的突破能力，要看得见10年、20年以后的未来，对这种未来的洞察，一定是具有技术背景的人。由于她不具备技术背景，所以她不会是接班人。华为的领袖不是横向平衡，而是纵向突破，所以她将来不可能做CEO，也不可能做董事长。"

实际上，任正非不止一次经历人生的至暗时刻，但每一次他都挺过来了，还使华为的业绩更辉煌，使自己的人生更精彩。这一次，任正非同样也将以奋斗者的坚强意志挺过来。当然，几十年创业历程中的多次至暗时刻，也使任正非的精神和身体都饱受打击，他曾经陷入重度抑郁，两次接受癌症手术。

华为创业之初，通信行业掀起了交换机热，近百家企业争夺这个市场。华为也决定全力一搏。当时，在技术方面，徐文伟等十多个人没日没夜地攻关，用极小的成本做出了JK1000局用交换机。这是用于邮电系统的程控机。由此，华为以奋斗者的姿态进入国内的电信市场。这一技术基于首个与DOS类似的操作系统，以及X86架构的CPU，后来的C&C08数字程控交换机也是基于这一技术。但是，交换网板上的JK1000局用机仍然采用模拟空分技术，极限用户容量仅1000个。还没等华为奋斗者们沉浸于成功的喜悦中，国内邮电体系就着手进行由空分至数字化的转变，因为这样才能与国际同步，以数字技术迅猛提升交换网的容量。

这让任正非又一下子跌入人生的至暗时刻。华为必须快速进入大容量机和数字网板的研发。为此华为公司招聘了许多技术人员，夜以继日地攻克C&C08数字程控交换机这一难关。从容纳2000位用户的A型机开始，此后又推出可容纳10000位用户的B型机、C型机。任正非这一次孤注一掷，投入了全部资源。他后来看着深意大厦会议室的窗口说："如果（C&C08）开发不成功，我就只能跳楼了。"这一次，华为靠企业和学校使用的用户交换机取得巨大成功。任正非走过了至暗时刻。

1996年华为看到了无线技术的广阔前景。那时华为公司挖来刘江峰、侯金龙等人开发GSM技术和设备。戴辉在1998年进入GSM销售团队，由李祥庭直接领导。与交换机的开发和拓展相似，华为在无线领域的技术开发和市场扩展，同样需要消耗大量资金。现金流的压力与日俱增，其他麻烦也接踵而来。

后来，在CCTV2《对话》的一期节目里，当时的深圳市市长李子彬谈到这样一件事：举报华为公司逃税、欠款、拖欠员工工资的信件达到3000封。不过，经入驻华为公司的调查组数周的调查，未发现有偷税、漏税、走私等问题，也没有发现任正非有中饱私囊等情况。问题都是因为企业融资难、GSM投入大引起的。当时的总理朱镕基作出不处罚华为公司的决定，但对华为公司提出了规范运作的要求。这段时间也是任正非的至暗时刻。1999年底，事情出现了转机。华为得到金额3亿元以上的以关口交换机为主的GSM合同，利润非常大。至暗时刻过去了，华为强势进入移动通信领域。

任正非的至暗时刻不仅来源于外部，还来自于内部。李一男的"背叛"便是一个例子。李一男本是任正非最欣赏的人。在创业早期任正非批评过包括华为高管在内的许多人，而且他的批评往往相当严厉。但李一男这个年轻人可能是唯一的例外。任正非对他充满好评："这小子太厉害了，看问题太深刻，如果我要做个人投资，我一定投他。"在1993—2000年华为最初的阶段，李一男所率研发团队表现突出，使华为通过与全球巨头竞争，营业收入由4.1亿元上升到200亿元以上。

2000年，李一男用华为内部股换来的上千万元华为设备，创立了港湾网络。这家公司得到淡马锡、华平等机构近亿美元的风险投资。李一男非常熟悉华为公司，不断地夺取华为的市场，这使得港湾网络的销售额迅速过亿。尤其严重的是，李一男还大肆到华为挖人。一些华为员工还仿效港湾的做法，借风投之势，窃取华为的商业机密和技术。由此，在2001—2002年，华为面临倒闭的危机，在2002年还出现了华为历史上的首次负增长——任正非又处在人生的至暗时刻。不过，华为公司员工们靠着艰苦奋斗的精神和意志，最终化险为夷。任正非自己也走出了至暗时刻。

任正非对母亲有着很深的感情。他后来回忆："妈妈那么卑微，不仅要同别的人一样工作，而且还要负担7个孩子的学习和生活。"在他的印象里，母亲"什么活都干，煮饭、洗衣、修煤灶……消耗这么大，自己从来不多吃一口"。2001年1月8日在昆明的母亲买菜时遭遇车祸，带来了任正非人生中又一个至暗时刻。这一天，他正随着国家领导人访问伊朗。得到消息的任正非几次转机，急急忙忙地赶往昆明。

到昆明时，母亲已经去世，给任正非留下多年积攒的几万元存款。曾参加起草《华为基本法》的彭剑锋教授说："这件事对任正非打击极大，在他看来，企业做这么大，在关键时刻，连母亲都照顾不了，他非常痛苦。"

在那些岁月，任正非经受了一个又一个内忧外患，工作的磨难、最信任的人出走、至亲离世，可说是至暗之极。而同时，来自国际上的挑战又被激化。2002年12月，全球通信巨头思科公司指责华为侵犯其知识产权，要求华为予以赔偿。华为不接受这一指控，但还是停止销售那些存在争议的产品了。2003年1月24日，思科在美国得州联邦法院展开对华为的专利诉讼，内容达77页之多。这一年，许多欧美客户停止了与华为公司的合作，港湾又在国内市场蚕食华为，使任正非面临的至暗时刻更加严峻。但是，任正非是一名真正的奋斗者，即使是内外交困，即使是身患重病，他还是会奋勇战斗。仅用了两年时间，华为就扭转了局势。此后，一路高歌猛进，直至成为全球极具科技竞争力的民营企业。

女儿的被捕又一次使年老的任正非遭遇至暗时刻，但他一定能老当益壮，再次走出困境。这就是一位奋斗者的风采。

任正非这位真正的奋斗者，是一位相当谦虚的人。面对美国CNBC

‖**任正非**：哪有什么天生强人，有的只是强忍

（美国全国广播公司财经频道）的提问，任正非说道："我既不懂技术，也不懂管理，也不懂财务。我就提了一桶'糨糊'，把18万员工黏结在一起，让他们努力冲锋，这个功劳是18万员工建立的，不是我一个人建立的。我不可能享受像乔布斯那样的殊荣。有时候国家想给我荣誉，我就觉得很惭愧，事情不是我做的，怎么帽子要戴在我头上？"

也许真正的奋斗者都是谦虚的人，也可能谦虚是走出至暗时刻的必备要素。而任正非不仅是一位奋斗者，也是一位谦虚的人。因此，他是一位强者。女儿的被拘押使他处于人生的至暗时刻，但他能够走出来，活出更多的精彩。

本书作者
2020年10月25日

第一章
灰色的少年时代缔造辉煌的未来人生

不凡父辈赋予的"正即非,非即正" / 2

伟大的母亲赋予了他无私的品格 / 6

我的兄弟姐妹,我的左膀右臂 / 8

我"恨"贵州,我也"爱"贵州 / 9

"争辩与故事"是童年最大的快乐 / 12

高中最大的梦想是"吃一个白面馒头" / 14

第二章
激情燃烧的青春岁月

努力拼搏的大学生活 / 18

风雨飘摇下"任家的坚强" / 21

美好的初恋是灾难极处的风景 / 24

成为有钢铁般意志的军人 / 27

1976 年,任正非和中国一起翻开新篇章 / 30

第三章

一个40多岁的"创业新人"

军人最大的脆弱是退伍 / 34

绝不向生活和事业的挫败"投降" / 37

不惑之年,成为"颠覆者" / 40

从代理产品走向研发产品之路 / 42

第四章

带领华为踏上新征程

一半风险、一半机遇的美国之行 / 46

除了不断前进,我们无路可走 / 49

危机刚过又遇危机 / 52

破釜沉舟的"义乌开局战" / 55

主导"邳州鏖战",保证万门机问世 / 57

第五章

狼行天下,逐鹿全球

"巨大中华"的崛起与衰落 / 62

贝尔、北电网络、AT&T——狙杀 / 67

把"走向国际"从理想变成现实 / 72

不相信"莫斯科没有眼泪" / 77

对第三世界国家实行"农村包围城市" / 82

"擒贼先擒王"的欧洲攻略 / 87

第六章
开启"备胎"战略，让华为获得反脆弱能力

任正非的战略决策是着眼于全局与未来 / 94

无惧美国，任正非的底气来源于"备胎" / 97

"备胎"转正的"海思"，到底是谁 / 100

推出面向下一代技术而设计的鸿蒙 / 104

把"备胎"打造成一支"神兽军团" / 108

第七章
独特价值观让华为基业长青

低调朴实的品格奠定了企业风格的基调 / 112

天道酬勤，以奋斗者为本 / 115

华为人要变成一只"狼" / 119

任正非的"灰度"成就了华为的精彩 / 122

唯有惶者才能在冬日生存 / 125

对人才只要"关键的少数" / 129

华为的一切都是为了"客户" / 134

第八章
无惧美国，带领中国5G走向世界

让华为面临美国打压的5G到底是什么 / 138

5G 技术领先全球，华为遭受美国打压 / 143

5G 手机面世彰显华为技术的强大 / 146

全球 50 个订单，位居全球第一 / 150

任正非的华为 5G 战略布局 / 153

附录

华为的冬天 / 158

我的父亲母亲 / 168

北国之春 / 178

一江春水向东流 / 186

我们向美国人民学习什么 / 192

开放、妥协与灰度 / 205

第一章

灰色的少年时代
缔造辉煌的未来人生

不凡父辈赋予的"正即非,非即正"

一个人的成功除了靠自身的努力,大多数与其家族、家庭有着莫大的关系。任正非的成功也是如此,可以说他的人生观、他的价值观、他的世界观、他的为人处世的方法以及面对困难时的态度受他的家庭影响很大。任正非的祖、父辈生活在一个动荡的年代,他们在那个年代的"小人物命运及经历"塑造了他们坚强的品格,而这些品格特质也深深影响着任正非。

1910年,气数已尽的大清王朝在苟延残喘,灭亡只是时间早晚的问题。这一年,在浙江省浦江县黄宅镇任店村的一个任姓的家庭迎来了一个新希望——一个小婴儿出生了,这便是任正非的父亲。家人为其取名木生,字摩逊。

一只火腿带来的殷实家境

清末乱世,朝廷腐败,民不聊生,但任家还算是小富之家,无须为斗米之炊整日奔波。因为任正非的爷爷、任家家主任承柄有一门制作火腿的独家手艺。浦江县属于金华,任承柄制作的火腿也就是如今闻名中国的金华火腿。这门手艺是家族传承下来的,任摩逊的爷爷任兆源是19世纪金华一带颇负盛名的火腿生产商,他创立的家族火腿品牌"任三和"在当时颇受大众认可。

任摩逊3岁时,金华火腿荣获南洋劝业会奖状。这个奖项颇具含金量,因为它是在中国历史上首次以官方名义主办的国际性博览会上获得的。

在任摩逊出生那年,南洋劝业会第一届博览会在南京召开,由当时的两江总督端方亲自主持,历时半年,参会人次达30多万。

在当时,中国封闭的大门早已被西方列强的坚船利炮轰开,处于农业社会的中国人见到了国外商业经济所带来的各大利好。因此,当时的政府把实业作为一项重点工作来执行,因为政府认为"要想如法国、英国那样强大,首先就要做实业",做实业是一项新的政策,劝业会就是在这样的背景下成立的。

"创业"这个词语已经深深植入浙江人的基因中,而作为典型的浙江人,任兆源更是把"创业"基因发挥得淋漓尽致。在任摩逊5岁时,金华火腿走出了国门,任家的金华火腿也因此搭上了"顺风车"。也许,华为之后成为国际性大品牌也不仅是"全球化发展"的原因,说不准还带了点家族传承的因素。

北上求学的热血爱国青年——任摩逊

火腿生意给了任家殷实的家境,不仅无须整日为生计奔波劳苦,而且还有余钱让孩子早早念书。任摩逊天生聪颖,才情不凡,成了当时村里的第一个大学生。北伐战争结束后,任摩逊北上求学。

与当时的许多学生相同,任摩逊热血、爱国,充满了书生意气。时值日军侵略中国,东三省沦陷,任摩逊为此激愤不已,他经常参与学生运动,时常在街头演讲,希望能为"拯救东三省百姓于日军欺压"作一点贡献。

在那个时代,家国命运是一体的,在国家噩耗频传之时,任家也传来了噩耗,任摩逊的父母相继过世,因此,他不得不辍学返乡,而这也似乎预示着任摩逊的命运将随着国家的命运发生巨大的动荡,任摩逊青少年时期无忧无虑的生活要随之远去了。

出走半生,从此浦江只能是故乡

1934年,任摩逊离开北平回到浙江,在浙江定海水产职业学校做了一名教书先生,之后又转到南京农业职中任教。任摩逊非常热爱教育事业,教书育人是他的人生梦想。如果生活在和平年代,或许他就可以用一辈子来实现自己的梦想,奈何人事由天不由己,国家的动荡和战争的残酷,让任摩逊的梦想搁浅了。

不久,抗日战争全面爆发,任摩逊无法继续执教。为了生活,也为了报效国家,任摩逊经人介绍去了广州一家兵工厂当会计。但是,日军步步推进,广州很快就失守了,兵工厂只能不断西迁,最后迁到了贵州桐梓。

颠沛流离的生活并没有让任摩逊对人生与国家产生悲观之情,他仍然积极宣传抗日,组织讨论会,用行动来表达自己的爱国之情。他的爱国举动引起敌人的注意。敌人悬赏追捕他。得知自己已经被敌人列入黑名单的任摩逊不得不另做打算,他以送同乡回老家为由离开了兵工厂,但是,因为特务的纠缠不休,任摩逊害怕给老家的人带来危险,就佯装恶疾,委托村里人用被褥把自己抬到火车站,躲过特务视线,乘上了前往贵州的火车。至此,贵州成了任摩逊的第二故乡,在这个看似危险实则安全的地方开始了他的后半生。

在贵州,任摩逊遇见了自己日后的妻子程远昭。程远昭和任摩逊一样,也是一名教师。她虽然只是高中毕业,但在当时已经非常难得。夫妻两人除了相互爱慕,更是志气相投,于是他们在贵州扎了根,在乱世中,过起了短暂的平静生活。

"正即非，非即正"——对于儿女的最大期许

1944年秋天，在抗日战争胜利前夕，任摩逊迎来了他的新身份——父亲，任家长子诞生了。看着这个代表希望的新生命，任摩逊想到了自己这些年的经历，各种艰难困苦、各种大起大落、各种是非交错，一时百味杂陈。在任摩逊看来，这世间的是非永远没有定论，因此，因是非带来的各种风波也永远不会彻底平息。但是，任摩逊希望自己的儿子在以后的人生中可以明辨是非，端正自身，对于正确的事情有自己的坚持，对于不正确的事情也能做到"未知全貌，不予置评"，做什么都要与众不同，只有独特才能"从心所欲而不逾矩"，更重要的是成为一个对社会有价值、有贡献的人。因此他为儿子取名为"任正非"，意为"正即非，非即正"。

任正非的妹妹取名"任正离"，这恰好反映了任摩逊的另一种哲学思想，即"不问是非来，管它离合去，静心过生活，千古歌一曲"。任摩逊给儿女取的名字为他们今后的人生种下一颗种子：不要被自己的执见误导，不被虚名圈住；不跟随主流，但心里要有主流；离开主流，才能推动主流。这是一种博大的"灰度哲学"（即不走"非黑即白"的极端，正确反映客观世界和现实情况的思维模式），这个哲学对任正非的整个人生都有着莫大的影响。

抗战胜利后，任摩逊又有机会拿起曾经不得不放下的教鞭，他先后在黔江、镇远、关岭、豫章等中学任教。新中国成立后，任摩逊还参加了土改工作，并与解放军一同进入贵州山区，建立镇宁中学并担任校长。任摩逊在贵州执教近50年，为当地教育事业倾注毕生心血。

任摩逊对教育事业的热爱，同样深深影响着任正非。任正非几度谈到有关教育的话题，比如"把教育做好，让优秀的人培养更优秀的人""教育是最廉价的国防""把教育做好，国家才有未来"……当然，任正非对

教育的重视，不仅表现在口头上，也表现在行动中。例如，任正非曾为贵州黔南地区捐献了上千台钢琴，帮助这些地区的孩子接触音乐。

伟大的母亲赋予了他无私的品格

母亲是孩子的第一任教师，她的言行举止常常会在潜移默化间影响孩子，甚至影响孩子的一生。对于很多企业家来说，如果没有母亲早年的言传身教、理解支持，就没有他们今日的辉煌成就。母亲为他们倾注所有的心血与智慧，成为他们走向人生巅峰的坚实基础。从某种程度上来说，母亲就是孩子们的"教育家"。无疑，任正非母亲也是对他影响最深的人之一。任正非身上一直保持的艰苦朴素、努力奋斗的良好品质，就离不开母亲早年的言传身教，后来更是渐渐融入华为的企业文化中。任正非曾表示："我的不自私也是从父母身上学到的，华为今天这么成功，与我不自私有一点关系。"

任正非的母亲是贵州大山里长大的孩子。闭塞的环境却没有闭塞她的思想，不管是她的家人还是她自己都深刻地了解知识的重要性。在当时极为艰难的物质条件下，程远昭读到了高中毕业，这在当时已属罕见。后来遇到任摩逊，在任摩逊的影响下，她更是靠自学成为一名数学老师。在任正非看来，母亲既普通又伟大，因为"她为了穷孩子在贫困山区奉献了一生"。

程远昭是一名普通的教师，一名普通的中国妇女，却拥有金子般美好的品格。

她舍己：每天在招呼一家人吃饭后，她就开始收拾锅台。等她干完活，家里人都吃完饭了，为了节省口粮，除非必要，她就不吃了，又开始收拾碗筷。她把所有的心思全放在家里人身上，却经常忘记自己。

她好强：程远昭1944年生下任正非，1946年生下女儿任正离，之后又接连生下一男四女，共7个孩子。在那个本就生活困苦的年代，这么多的孩子是一种沉重的负担。当时，任摩逊把全部时间与精力都花在了教育事业上，为了支持丈夫的事业与梦想，程远昭只能一个人承担起家庭重担，朴实善良、性格开朗的她成了家里的顶梁柱。对此，她不仅毫无怨言，而且在她看来，家里人就是她生活的全部，她能为之付出一切。

她勤劳：除了坚持自己的教育事业，还非常热爱生活。不管是收割粮食后的田野，还是捡漏的路边，甚至是荒无人烟的大山，经常能看见她的身影；不管是春天、夏天、秋天、冬天，还是雨天、晴天，只要有时间，她都会搜集食物。所以，她经常用野菜和树叶给孩子们做"特别"的美味。

她耐苦：在那个年代，生活水平低下，缺粮少食是普遍情况，任家即使有两个人在教书，但是教师薪水微薄，根本无法承担一家9口人的开支。为了节省口粮，忍饥挨饿是她的"家常便饭"。

她自强：作为一个贵州大山里的孩子，在当时普遍认为读书无用、女子读书更无用的社会环境中，她坚持读完了高中，之后又自学成为数学老师。在生活环境异常困苦的情况下，这已是一件非常难得之事。

她坚强：程远昭身上面临的压力非常大，一家9口人只靠夫妻两人的薪水度日。而且随着孩子们渐渐长大，需要的东西越来越多，还需要供他们上学，这些与她勉强可以用来解决基本生计的家庭经费相比，困难就更大。但是这些苦难，她一个人咬牙扛下了。任正非清楚地记得，每个学期每人需要缴纳两三元学费的时候是母亲最发愁的时候,如赶上月底,她都要四处奔波借钱,有时甚至要走上几家才能勉强借到三五元。

我的兄弟姐妹,我的左膀右臂

中国是一个讲究多子多福的国家,"二孩"政策一开放,许多人就开始生二胎,其中不乏已过了最佳生育年龄的夫妻。为什么有这么多人执意要二胎?其实父母的想法很简单,他们觉得独生子女太过孤独,日后更是缺乏互相帮扶之人,有了手足就有了更多的依靠。所以,手足之情在中国人的文化中占据着极为重要的位置。

任摩逊生活的那个年代没有"独生子女"的说法,而且当时更讲究"多子多福"。此外经过连年的战乱,中国人口数量极速下降,政府也鼓励人们多生多育。所以,即使当时生活清苦,任摩逊与程远昭还是生下了7个孩子,二子五女,任正非是家中的长子。

任正非非常感谢父母给了他6个挚爱的同胞手足,也是因为弟妹的善良与支持才有了今天的任正非和今天的华为。他的弟弟和大妹,后来都进入华为高层担任管理工作。

饥荒时期,口粮相让

任正非的成功有一定的原因是他的弟妹对他毫无条件地支持,为了任正非能考上好的大学,弟妹们在饥饿的情况下也毫无怨言地把口粮省下来,就为了给任正非多补充一点营养。即便只是每天早上一块小小的玉米饼,在那个时候已是尤为难得了。如果不是程远昭的精打细算,任正非的弟妹总有一两个会活不下来。在挨饿的情况下，弟妹们能毫无怨言地分享出自己的宝贵口粮，只是为了让大哥能考上大学。

我"恨"贵州，我也"爱"贵州

《时代》周刊评价任正非"是一个为了观念而战斗的硬汉"。回溯任正非的人生历程，我们能在他身上看到很明显的个人烙印，而他这种鲜明的个人特质与其少年时期形成的人生观有着极大的关系。这段经历的发生地点就是贵州，贫穷又美好的贵州养大了日后"纵横天下"的任正非。

恨——这个一度要"饿死人"的地方

贵州地处高原，经济严重落后，尤其是山区，还有着"地无三里平，人无三分银"之所。即使到了2019年，贵州在中国省市的经济排名也非常靠后。

"大跃进"运动开始后因为农村大办公共食堂，高征购，使得粮食极为紧张。1960年，贵州已经出现严重饥荒现象，省委却向上汇报"全省食堂办得好及较好的比例达到了80%"，因此还得到表扬，被誉为"红旗省"，要求全国学贵州。1961年，贵州一些农村实行"包产到户"之后，情况才稍微缓解。可是任正非上高中时，中国正经历三年经济困难时期，国家严格实行配给制，多数生活物品需要凭票购买。凭票供应的物品根本无法满足任正非一家9口人的生活，任家生活十分困难。在任正非的印象中，贵州就是一个"贫穷、困苦甚至能饿死人"的地方。

"吃饱饭活下去"是当时任正非最大的期望。这种期望感深深地影响了任正非的一生，更深刻地影响着他对华为的管理。对于华为的管理，任正非自始至终的想法就是"吃饱饭，活下去"，生存才是一家企业始终都需要遵循的法则。不管你是几人的小企业，还是几十万人的大企业，都要秉持"生存"法则。于是，"活下去"的理念深植华为血脉。经济学家吴敬琏在参访华为时曾问及企业战略理念，任正非回答："华为没有战略，如果非要有一个战略，那就是'活下去'。"所以，无论之后华为获得多高的成就，任正非的追求依然如初，"我没有什么远大的目标，我只想活下去"。

爱——这个生我养我的"家乡"

家乡是人一生的牵挂，中国人都有"叶落归根"的传统思想，是因为对家乡有着深深的热爱，哪怕外面的世界再好，只有回到家乡，"灵魂"才能得到真正的安息。所以，即使贵州给任正非的少年时代留下了"不好"的印象，他对于贵州依然"爱得深沉"。

实际上，在贵州的生活是困苦的，但对于青少年时期的任正非来说也并非没有幸福可言。从小学到初中二年级，任正非都是在贵州镇宁县长大，吃不饱穿不暖，却依然快乐，因为那时任正非不知道面包好吃。任正非从小没有离开过镇宁县，就是在直径15公里左右的区域长大，没有比较，就不知何为更幸福，所以当时的他感到很幸福。之后，任正非的父亲调到都匀，这是一座少数民族聚居的中小城市，任正非初三到高三都在此处生活。在当时的任正非眼里，都匀已经是一个非常现代化的城市。长辈带他们去逛小百货公司，看到有两层楼高的百货公司时，任正非觉得非常震撼和了不起。

其实，任正非的人生在改变，贵州的面貌也在改变。改革开放以来，贵州正在逐步化茧成蝶。在国家政策的支持下，从"一张白纸"蜕变成大数据高地，成为大数据国家战略中的探路者，为国家、也为当地绘制着美丽的蓝图。实际上,任正非多年来一直在支持贵州的发展,更为贵州做了不少私人捐赠。但考虑到华为的整体发展,任正非一直未把贵州作为华为的战略点之一。随着国家西部开发战略的推出,任正非终于看到了将华为与家乡联系到一起的机会。从2016年开始,任正非就把三大数据中心基地之一选在了贵州。

贵州在任正非的心中有着极重的分量,他希望通过他和华为的力量让贵州变得更好。这一点从任正非对贵州的战略布局就可以看出,他说:"如果以贵州为中心,用一千公里划一个半径,贵州的服务范围能够辐射到重庆、广西、广东、云南、四川等周边省份。把华为服务全世界的内部数据中心建在贵州,服务半径将是两万公里,它是在为华为全球业务服务。"

2019年5月,华为又与贵州电脑在2019中国国际大数据产业博览会上签署战略协议,计划在云计算、大数据、电力物联网和综合能源领域展开深入合作,把通信技术、智能化技术与电网业务深度融合。此次合作预示着任正非和华为与贵州的关系将更紧密。

在一次采访中,任正非也表达了对贵州深沉的爱。远离家乡已半个世纪的他,对于贵州仍然保有美好的回忆。比如,下面这段根据采访原声整理的文字:"贵州自然生态环境好……空气比较冷,我们的设备能不能全部用风能冷却?第一,省电,省电就减低了成本。第二,电价便宜,我们耗电就比较少,也没有地震,生态环境也好,东西也好吃。我们的人来吃了都不想走了,他们都会变胖的……"

其实,人生就是八个字:"兜兜转转,循环往复",最终都会回到原点。贵州是任正非的家乡,即使离家乡再远,最终他还会回到这个养育他的地方。

任正非：哪有什么天生强人，有的只是强忍

"争辩与故事"是童年最大的快乐

中国有句俗话："三岁看老"。任正非现在能取得这么高的成就，与他的个人特质分不开。任正非善于思考，能把问题想得非常透彻。即使一点点的信息，他也会进行深度思考，然后寻找出更多的答案。任正非的"思辨"能力与他童年时期的生活分不开，甚至可以说他童年的一些经历奠定了他的"思维"特质。

听书与小伙伴争辩

任正非的童年时代除了下河摸鱼、上树抓鸟这些小男孩都干的淘气事之外，就是与小伙伴在一起玩躲猫猫与丢沙包一类的游戏。他们从外界获取知识的途径就是村子里为数不多的几台收音机。只有在收音机面前，爱玩爱闹的任正非和他的小伙伴们才会安静下来。

他们每天都会准时从收音机里听评书《隋唐演义》，书中逐鹿中原、群雄争霸的故事，在任正非心里埋下了一个"征服天下"的英雄梦。在听评书的过程中，任正非时常会与小伙伴争辩，从这些争辩中可以发现任正非幼年时看问题的眼光就很犀利。

有一次，他们争论到底是"罗士信厉害还是宇文成都更胜一筹"时，有的小伙伴认为"罗士信被誉为天下第一猛，他自然比宇文成都厉害"；有的小伙伴认为"宇文成都拥有皇帝赐予的'横勇无敌'的金牌，自然是比罗士信更厉害"。

他们谁都说服不了对方，任正非认为这样的辩论没有丝毫意义，也争论不出什么结果。所以，有一次他们又为此发生争论时，任正非就问他的小伙伴一个问题："要分清他们两个谁厉害，你们得回答我张飞和岳飞打起来，他们谁更厉害？"

小伙伴不知道如何作答。任正非解释道："张飞生活在三国时代，而岳飞是宋代大将，他们身处的时代不同，根本不可能相遇，又怎么可能打起来呢？宇文成都与罗士信的武功谁更高，这是千百年前的事情，根本没有比较的条件，所以争论是没有意义的。"

任正非的童年就是在这样好玩的争辩与快乐的游戏中度过的，但从这些游戏与争辩中可以看出他的想法比当时的小伙伴要成熟与睿智得多。

童年"英雄"情节成就"英雄"华为

爱玩是孩子的天性，任正非也不例外。任正非当时就读的小学条件异常艰苦，因此他有了厌学的情绪。为了鼓励儿子读书，程远昭给任正非讲了一个"大力神"的故事。故事的主角是古希腊神话中最伟大的英雄，是主神宙斯和阿尔克墨涅之子赫拉克勒斯。赫拉克勒斯从小就受到父亲的另一位妻子赫拉的谋害，即使是在如此凶险的环境中，他还是坚强地活了下来，并成为了远近闻名的英雄"大力神"。长大成人后，生母阿尔克墨涅决定让他离开家，到很远的地方去闯荡，一是躲避赫拉的报复，二是接受各种磨炼。临行时，生母还要求他完成12件别人无法做到的大事，以增强意志，提高能力。

程远昭故意在这个地方停顿，以引起任正非注意。任正非果真着急地想知道赫拉克勒斯是否完成了母亲要求完成的任务。程远昭看着儿子的样子，就要求儿子在接下来的考试中有好的表现才会把故事讲完。任正非虽然贪玩却也明白母亲是希望他能沉下心读书，最后任正非在期末考试中果真拿了好成绩,程远昭也把故事给儿子讲完了。讲述的过程中则是重点描述了赫拉克勒斯是如何不畏艰险与困难完成了任务,成为一个美名传遍世界的英雄。

任正非当时年纪小,但是也明白母亲的另一层期望:大力神之所以成名,是因为他为人类做了很多有益的大事。因此,任正非暗下决心,自己也一定要努力学习,长大后成为像大力神一样的"英雄",实现自己的人生价值。

从此以后,任正非的心中埋下了"英雄"情结。成立华为公司后,他的英雄情结得到了淋漓尽致地发挥。他带领团队,披荆斩棘,开拓市场,成为世界上最具影响力的商界领袖之一。

高中最大的梦想是"吃一个白面馒头"

歌颂苦难是一件不道德的事情,因为苦难对于懦弱者来说就是人间地狱,而对于勇敢的有为者来说,苦难则是一笔巨大的财富。任正非对自己高中时期的印象,不是刻苦学习,不是高考,而是饥饿。高中三年,他最大的梦想是吃上一整个馒头,就连考上大学这样重要的事情都无法与馒头相比。从这样一件微不足道的小事,就可以看出当时的任正非在经受着什么样的苦难。

玉米饼子让我考上了大学

任正非说:"我真正能理解活下去这句话的含义。"他在高三快高考时,有时在家饿得受不了,就用米糠与菜和一下烙着吃。任摩逊看见了心疼得不得了，但是又无可奈何。当时任正非家里穷得可以说连一个上锁的柜子都没有，粮食是瓦缸装着，任正非随时可以拿出来吃，但任正非宁愿天天忍着饥饿学习，也不敢随便去吃上一口，因为他知道如果他多吃一口，弟妹就少吃一口；他多吃几口，弟妹中就有人可能挨饿。

家人的爱都是相互的，任正非心疼家里人，家里人更心疼他——这个被父母寄予了厚望的长子、被弟妹当成榜样的兄长。所以，在高考前三个月母亲程远昭都会在早上给他塞一个小小的玉米饼子，让任正非不会因为饥饿而影响学习。玉米饼子虽小，却是当时任家能拿出来的最好食物了，而且还是从父母、弟妹口中省出来的。不知道是不是因为玉米饼让任正非不会时时受到饥饿的困扰从而能安心学习，还是因为这小小的玉米饼子所包含的大大的爱与期望，三个月后，任正非考上了大学。任正非后来也说过："我能考上大学，小玉米饼子功劳巨大。如果不是这样，我也创办不了华为这样的公司，也许社会上多了一名养猪能手，或街边多了一名能工巧匠而已。"

穿着两件衬衣上大学

任正非一家9口人，全都靠父母微薄的工资生活，再无其他经济来源。生活本就困难，儿女在一天天长大，衣服在一天天变短，而且还要上学读书，这更让任家的经济状况雪上加霜，程远昭时常都要向人借钱来给孩子们交学费。所以，在这种困难的情况下，任正非除了吃不饱饭，到高中毕业前都没有穿过衬衣。

夏天，不管天气多热，任正非都是穿着厚厚的外衣，因此时常长痱子。有同学见他如此，就建议他向家里人要一件衬衣。但是任正非从未开口，他做不到在家庭状况如此艰难的情况下，去要求一个会让家庭情况变得更糟的东西。从小到大，任正非就不是一个"为一己之私而不顾家人"的人。

其实，任正非"渴望衬衣"的心理，家里人都看在眼里。程远昭也尽自己最大的努力满足任正非。在妈妈的省吃俭用、精心筹划之下，在上大学前给任正非做了两件衬衣。任正非说在收到衣服时，他是真的想哭，因为这两件衬衣的背后是弟弟妹妹们的生活更加困难。

除了两件衬衣，上大学时任正非还带走了一床被子，而这也让任家变得更加困难。在当时，家人是两三个人合用一床被子，而且破旧的被单下面铺的是稻草。拿走一床被子，就意味着有两个人没有被子盖，或者更多的人用一床被子盖。因为当时还实行布票、棉花票供应制，最少的一年，贵州每人只发 0.5 米布票。在那种情况下，即使有钱也买不到更多的布，何况家里还一贫如洗。

有了被子，还要准备被单，但是被单家里真的很难再拿出了，于是程远昭捡了毕业学生丢弃的几床破被单洗干净后，七拼八凑，缝缝补补，做成了一条"五颜六色的新被单"。这条意义非凡的被单陪着任正非度过了 5 年的大学时光。

青少年时期的艰难困苦，让任正非养成了节俭朴实的品质。即使在成为一个大企业老板以后，他也没有搞特权，更没有铺张浪费。1993 年，为了和南斯拉夫洽谈合资项目，任正非率领十多人的团队入住贝尔格莱德的香格里拉。任正非订了一间大约每天房费 2000 美元的总统套房，本以为是任正非一个人住，却没想到是整个团队一起住。2016 年，任正非几度被人拍到一个人深夜排队等出租车、一个人坐地铁上班、在食堂排队打饭，等等。

任正非一手创办了华为公司，净利润达到千亿元人民币，他有条件奢靡，却依然艰苦朴素，这在如今浮躁的社会环境中已经非常罕见。此外，作为一个企业领导人，任正非的艰苦、朴素、节俭的生活作风也影响了华为，在华为很少有浪费资源的情况。比如，各个管理者的配车都是按需配置，而不是动辄百万、千万的名车。不管这个人职位多高，大家都是平等的。

第二章

激情燃烧的青春岁月

∥**任正非**：哪有什么天生强人，有的只是强忍

努力拼搏的大学生活

1963 年，任正非没有辜负父母的期望，考上了重庆建筑工程学院。19 岁的任正非从贵州都匀只身来到重庆建筑工程学院，站在了新的起点上。他第一次看到奔腾的嘉陵江与巍峨的歌乐山，看到江山与雾都竟能以这种恢宏的方式融合在一起，还如此震撼。对于年轻的任正非来说，"这是一座比都匀大得多的城市"。《人民画报》描述 1963 年的重庆："当时已经有数十条公交线路，总长超过 800 公里，穿梭于市区的公共汽车车身上，均标有'八一号''国庆号'等字样。重庆还开辟了通向郊外工业区的新线路，从而使得远在百里外的工人、社员也可以每天搭乘无轨电车进入城区。"站在重庆城里的任正非，将要告别自己懵懂无知、饥寒交迫的少年时代，告别满怀期望的父母，在这里如饥似渴地饱览群书了。

虽然时局动荡，仍要一心读书

1963 年，世界并不安稳，就连空气里都飘荡着紧张因子。中苏公开论战，《人民日报》与《红旗》杂志编辑部相继发表评论文章，对赫鲁晓夫修正主义进行了点评、批判。美国黑人民权运动达到高潮，领袖人物马丁·路德·金博士发表著名的演说《我有一个梦》掀起了无数人的平等之梦。这一时期的中国也处于经济迅速发展中。

任正非的父亲一生谨小慎微，他深知"沉默是金"的道理，一心只用

在教育和研究学问上。所以，在儿子远赴重庆临别之时，对儿子说了这样几句话："记住知识就是力量，别人不学，你更要好好学，不要随大流，以后有能力要帮助弟妹。"

所以，任正非上大学后只是专心致志地、如饥似渴地吸取知识。因为，他明白自己能到大学读书，可以说是全家人倾其所有得来的机会。背负着这种重托，任正非把著名数学教育家樊映川的高等数学习题集从头到尾地学习了两遍，更学习了许多逻辑、哲学类知识，同时还自学了三门外语。

大学的努力学习让他认识到知识的重要性

任正非在大学期间沉下心努力学习，大学的学习也对他之后的人生产生了重大影响。后来任正非之所以重视人才、重视人才的学习也在于此。

由于当时的一些环境和经济发展等方面的原因，大学教育制度无法满足任正非对知识的需求，这一点在他把华为带入稳定期后尤为明显，为此他创办了华为大学。

关于华为大学，任正非说："华为大学一定要办得不像大学，因为我们的学员都接受过正规教育。你们（华为大学）的特色就是训战结合，赋予学员专业作战的能力。整个公司第一要奋斗，第二要学会掌握去奋斗的办法，光有干劲没有能力是不行的。"任正非还对华为大学提出了更具体的要求：第一，责任等于让培训高度接近实战；第二，实战化的训练模式等于沙盘；第三，华为大学的核心是为大学的各方面预备队做好能力准备；第四，华为要什么样的干部，华为大学就要培养什么样的干部；第五，建立核心能力体系，包括管理能力系、专业能力系、项目管理系、新员工培训系，以及一个共享平台；第六，对种子选手进行重点培养，给予更多的实践机会、培训机会；第七，华为大学要以赋能为中心，与"客户需求"

相结合；第八，华为大学要进行有偿服务，如此方可保证业务部门不会浪费资源，还可以让其达到收支平衡，摆脱羁绊；第九，华为大学要以正确的获取分享机制，来撬动最优秀的人、培养更优秀的人；第十，要建立对兼职讲师队伍真正有效的物质和精神激励机制。

任正非对华为大学的要求其实远不止于此，他对华为大学的人才培养也有很多与传统大学不一样的看法。网上甚至有谣言称他对母校"重庆建筑工程学院"（现合并为重庆大学）不满。"谣言止于智者"，对于母校，任正非一向非常支持和感恩。

任正非除了屡次给重庆大学以支持外，2018年5月，还与重庆市委、市政府主要领导会见，并共同出席重庆市政府与华为公司全面战略合作协议签约仪式。重庆与华为将以智能产业、云计算大数据产业发展和智能化应用为重点，围绕智能终端、智能超算、物联网、软件开发、物流云平台等领域开展深度合作。任正非说："华为对重庆未来充满信心，把重庆作为发展战略重点进行布局，助推重庆大数据智能化发展，助力重庆经济社会发展。"同年5月30日，重庆渝北区政府、丰都县政府、重庆大学、重庆邮电大学、重庆有线电视网络股份有限公司等分别与华为签署合作协议。

任正非在重庆、重庆建筑工程学院生活了多年，在这里汲取了很多知识，为之后的人生奠定了坚实的基础，也对这里留下了深厚的感情。此次到这里签约，距他第一次到重庆已经过去56年，如今他又以另外一种方式与这座城市、这所大学产生了紧密联系，而这种关系必将延续下去，此后的重庆，又将深深地烙上"任正非"的烙印。

风雨飘摇下"任家的坚强"

青春是人生的花季,年轻就是最好的资本,青春时代,精力充沛、激情盎然。任正非刚进入大学时,正想奋发努力,以不辜负父母恩情。但是天有不测风云,原以为苦学几年,毕业后顺顺利利就可以进入工作单位,没想到一场政治运动在任正非即将毕业时全面爆发,中国进入了一个非常时期,而家人也面临着同样的难题。

家人善意的隐瞒

"文革"运动一开始,全国各地都以"三家村"为模式找批斗对象,那时只要会写文章、有独立政治思想的人都会被指责、被批斗。在横扫一切"牛鬼蛇神"的运动当中,"反动学术权威""走资派""有历史问题的人"都在劫难逃。教育界是首遭灾难的领域,许多人成了靶子,任摩逊身为教育界的一员,自是无从避免。

任摩逊虽然在大学时期就参加了革命,但是因为家世问题,每次政治运动都会受到波及。为此,他一生谨小慎微,从不多言多语,一心只专注于"研究学问"上。正是因为自己的先见之明,所以,他平安度过了1957年的反右运动、1964年的"四清运动"。但是,"覆巢之下安有完卵","文革"的深度、广度都让他避无可避。更何况他是早期革命队伍中较有文化的,又是有教学经验的领导干部,比其他人更符合"靶子"的标准,所以,此次任摩逊再低调也无法避免被揪出来关进"牛棚"。庆幸的是，任摩逊足够坚强，他成功地挺过了此次灾难。

除了任摩逊，家里的其他人也未能幸免。任正非的弟弟妹妹年纪小，在父母身边，他们常常看着父亲挨批斗，被人拳打脚踢，有时甚至和几百个"走资派"一起挂着黑牌，被装在卡车上游街。恐惧、害怕、担心的情绪一直笼罩着任家。

家里人怕影响任正非学业，从不敢将这些告诉任正非。当时的通信极为不便，任正非也没经济条件能够经常寄信、发电报、打电话，只能靠同班同学从父亲学校出来串联的学生口中了解到情况后再转告他。不过，也幸亏是这种大串联救了任摩逊一命。在大串联中，任正非收集了许多传单，寄给家里。其中有一张传单写了这样一句话："干部要实事求是，不是的不要乱承认，事情总会搞清的。"程远昭把这段话藏在饭盒里转给了任摩逊，这句话更坚定了任摩逊要活下去的决心。因为他相信国家和党，相信黎明总会到来。同时他也不敢自杀，他害怕自己一死，就成了"畏罪自杀"的罪人，这在当时严酷的环境下，对于妻子和7个孩子来说都是致命的打击，会影响他们一辈子的前途命运。

冒险回家，定心神、明前路

1967年，任正非从贵州老乡处知道了家里的情况后非常担心，可是自己根本没有多余的钱，也没有渠道买到回家的火车票。但是如果不回家一趟，他是绝对无法继续在重庆待下去的。于是，他做了一件非常冒险的事情，就是扒火车回家。

当火车到达上海站时，任正非因为没有票还挨了毒打，即使表明自己可以补票，但还是被推下了火车，下车后又挨了火车站工作人员的打。辗转多次，几经周折，他终于又踏上了开往贵州的火车，但是，他却不敢在父母工作的地方下车，而是选择下一站下车，然后步行十几里去找父母。

半夜到家时，家里人被吓了一大跳。

家里人虽然思念他，也欣喜他的归来，可是，当时环境复杂，怕被人告密，任正非会受到牵连，影响了前途，于是，还来不及心疼，第二天早上就让他离开了。临走时，父亲还给了他一双旧皮鞋，并一再嘱咐他，"好好学习，别人不学习时你更要好好学，不能随大流"。

后来任正非回忆这段心酸事时说："我当年穿走父亲的皮鞋，没念及父亲那时是做苦工的，在泥里水里，更是冰冷潮湿，他更需要鞋子。现在回忆起来，感觉自己太自私。"但他又庆幸当时他回了一趟家，因为父亲的叮咛嘱咐，给正处在迷茫之中的他定了心神，指明了方向，他又能安下心来继续学习。

"它"是灾难，也是洗礼

"文革"期间，任家的经济情况比以前更恶劣。此外，因为父亲的问题，任家一家人都受到了牵连，弟妹连上学的机会都被剥夺了，任正非无法加入红卫兵，也无法入党。任正非曾回忆说，虽然他参加了红卫兵运动，但始终不是红卫兵，因为父亲的问题，各方都不批准他加入。不过，即使这样，任正非依旧时刻谨记父亲的叮嘱，在承受各种暴风雨侵袭的同时，又保持了独立的人格，继续着自己的追求。

任正非曾说："'文革'对国家、对任家都是一场灾难，对我却是一场人生的洗礼。"此事之后，任正非不再是单纯的书呆子，他终于成长起来了。

美好的初恋是灾难极处的风景

任正非作为世界通信领域赫赫有名的"成吉思汗",被美国《时代》周刊评价为"一个为了观念而战斗的硬汉"。一直以来,任正非在世人眼中都是刚强、霸道的代表。"华为除了做到世界第一,无路可走",说出无数次类似宣言的任正非更是让人看起来威风凛凛,像一个英雄人物。但实际上,任正非性格中侠骨柔肠、多愁善感、儿女情长的一面更多。这一点,从他年轻时候的经历就可以看出来。

初恋是缓解痛苦的良药

"文革"期间,虽然任正非心性坚强,一心一意只想学习,却也无法抵消"文革"给他带来的痛苦,特别是任家还遭受了巨大的磨难。可以说,那段时间任正非是极为痛苦的。但是,"灾难极处必有风景",美好的初恋就是缓解他痛苦的良药。这时的任正非遇上了他的第一任妻子——孟军。

任正非没有想到,一个寒酸老土的乡下青年,在极为艰难的大学生活中,居然会有一个美丽的女子一直默默地关注着他,这个人就是孟军。也许是有着"同是天涯沦落人"的感同身受,孟军的情况与任正非相似。她的爸爸也被打倒了,关进了"牛棚",同学们都开始疏远她,甚至孤立她;又或许是因为任正非的人格魅力,在别人都躁动时,在家人备受折磨时,他能沉得住气,埋头学习,在喧闹之中显得尤为特别;又或许是还有别的原因。孟军从默默地关注到最后爱上了他，然后开始有意无意地接近任正非。

孟军是一个美丽、知性的女子，在校内颇有声名，任正非自然也早就注意到了她。爱慕的对象主动与自己接近，任正非自是欣喜异常，这对他是极大的鼓励。于是，他也开始主动接近孟军。

但是，当时大学生恋爱是被禁止的，因此他们刚开始时只能像地下党似的"接头"，在双方泰然自若的神情中包含着对对方的情感以及支持。即使是这样，也给了当时陷入旋涡的双方带来了莫大的慰藉：原来在此时此刻，还有人和我一样，还有人懂得我的痛苦，还能有人支持我。于是，任正非迅速陷入了对孟军的爱恋中，即使他们还处于不能太过亲密的状态。

直到1967年毕业分配时，任正非和孟军才有了相处的机会。因为家庭的原因，他们的工作安排被搁置。重庆建筑工程学院的学生们都走了，学院偌大的图书馆，常常只有任正非和孟军两个人在读书。

要说孟军以前对任正非的爱恋大多是"同病相怜"的感觉，通过一段时间慢慢地交流接触，她对任正非的情感中加入了欣赏与崇拜。任正非博学多才，从人文哲学到现代物理科技，他都如数家珍，无一不通，更有着自己独特的见解。年轻人的恋爱如果带有"英雄般的崇拜"则更容易坠入爱河。此外，孟军也喜欢听任正非讲自己家里的故事，对这个一贫如洗却又和谐和睦的家庭更加向往，对任正非坚强的父母也更佩服。就这样，孟军顺理成章地陷入了对任正非深深地爱恋中。孟军回家时也会对父母讲任正非的故事，孟军的父母也对任正非表示了认可。当然，任正非更是感动于孟军对自己的理解和支持。

就这样，在那个特殊的年代成就了一段特殊的恋情。结婚后不久，俩人有了两个孩子，老大是女儿，随母亲姓孟，老二是儿子，随父亲姓任。虽然这一段婚姻最后走向了分手，但是仍无法否认在那个极端痛苦的环境中，二人彼此之间给予的温暖。所以，即使婚姻结束，他们仍然紧密地联系在一起，从夫妻变成了亲人。

谁说英雄不能儿女情长

任正非是英雄，也是一个情感细腻的人，对于爱情他更有着自己的深刻见解。在任正非书写的文章里，更是谈到了他对爱情的看法。

2001年4月，任正非来到了日本，一是考察，二是散心。在一个偏僻乡村的小居酒屋里，任正非与一群退休后出来玩的日本老人相遇了。他们非常热情，并为任正非演唱了《拉网小调》他们身上的那种乐观、热情、无忧无虑的情绪，深深地感染着任正非。于是，任正非就和这群可爱的日本老人唱起著名的日本北海道民歌《北国之春》，之后写下了著名文章《北国之春》。

在这篇文章中，任正非讲述了他对爱情的看法："一个人离开家奋斗是为了获得美好的生活，爱情又是美好生活中最重要的部分，但爱情就像独木桥一样，人家过了，你就不能过。离家已经五年，在残雪消融、溪流淙淙的时候，面对自横的独木桥，真不知别人是否已经过去，心爱的姑娘可安在。那种惆怅，那种失落，那种迷茫，成功了又能怎么样？"

在蒋大为版的歌曲《北国之春》中，有这样的歌词："残雪消融，溪流淙淙，独木桥自横。嫩芽初上落叶松，北国的春天，啊，北国的春天已来临。虽然我们已内心相爱，但一直尚未吐真情。分别已经五年整，我的姑娘可安宁。"

英雄也可侠骨柔肠，英雄也有泪满襟时。真正的英雄是心有猛虎，细嗅蔷薇，刚柔并济，所以，才对那个在最困难时给予他温暖的姑娘如此念念不忘。即使最后分开，也成了心中最牵挂的亲人之一。

成为有钢铁般意志的军人

任正非的感情是细腻的，他会因为美好的初恋而缓解大环境带来的痛苦，也会因为其他的原因让自己陷入困境。任何事情都是一体两面的。因为任正非的情感细腻，再加上企业各方面的压力，他曾一度患上了抑郁症，甚至想自杀，直到2006年他才放弃自杀的念头。而走出阴霾的原因，也缘于他的情感足够细腻。2006年的一天，任正非去内蒙古自治区工作，在一个饭店里有不少姑娘在唱歌。他看到她们在那样艰苦的条件下依然那么乐观，那么热爱生活，自己为什么不想活下来呢？那一天，他哭了很久，流了很多泪，从此以后就再也没想过自杀。他依旧是有着钢铁般意志的军人。

是的，任正非是军人，这是他一生最宝贵的经历。军人生涯赋予他更坚强的意志和拼搏精神，也是他日后能摆脱抑郁症的原因之一。

1968年，任正非迎来了分配工作的机会，他成了一名解放军战士。因为他对军旅生涯有着理想主义般的憧憬，他的父亲曾在国民党中担任文职，又因"文革"期间被列为"走资派"，在政审上是很难过关的。万幸的是审核方对他父亲的问题并未作出什么评价，这使他有机会成为一名解放军战士。

因国家需要，任正非成为一名"战士"

参军入伍后，任正非所在部队参加了一项代号为"011"的军事工程。

这是 20 世纪 60 年代国家在西南地区进行"三线"备战建设的重点工程之一。目标是建设战略大后方的军用飞机与航空发动机，地点就在任正非的老家贵州安顺，这让任正非非常高兴。

艰苦的工作让任正非内心充满了英雄主义的悲壮情怀，虽然不是金戈铁马的战场厮杀，但同样也是豪气冲天。这让他日后不自觉地就将创业的艰辛与战争等同起来。所以他常常会用讴歌战士的方式来称赞华为员工："没有他们含辛茹苦的艰难奋战，没有他们的'一把炒面，一把雪'，没有他们在云南的大山里、在西北的荒漠里、在大兴安岭的风雪里艰苦奋斗；没有他们远离家人在祖国各地，在欧洲、非洲的艰苦奋斗；没有他们在灯红酒绿的大城市，面对花花世界却埋头钻研，出淤泥而不染，就不会有今天的华为。'吃水不忘挖井人'，我们永远不要忘记他们。"

用智慧与汗水获得认可

努力和坚持总是有回报的。因为任正非在动荡年代仍没有放弃学习，所以打下了坚实的理论基础，练就了扎实的科技素养，在军队时有多项技术发明创造，两次填补国家空白，得到了领导与战友的一致认可。但是因为父亲的问题，即使得到了认可，也没办法得到实际表彰，也不批准他入党，甚至他领导的下属每年都获得大批表彰，这些奖励也和任正非这个领导无缘。对此，任正非在《我的父亲母亲》一文中总结说："我已习惯了我不应得奖的平静生活，这也培养了我今天不争荣誉的心理素质。"

除了发明创造新技术之外，任正非也非常注重政治学习。他把马克思的《资本论》、毛泽东的相关著作都熟读过多遍。事实上，任正非对华为的许多指导性文章，其核心哲学理念都是来自这些伟人著作的启发。

第二章　激情燃烧的青春岁月

吃了很多苦，但是很快乐

军人生涯是任正非人生中最难忘的一段经历，也是奠定他日后有能力建立华为这家高科技公司的基础。他在一次接受采访时，记者问他对军人生涯的感受，他回答说："进入部队后吃了世界上最大的苦，但也接触到了世界最先进的技术。军人生涯，用一个词来总结，就是'冰火两重天'。但是这段时间我过得很快乐，因为只有在那里我还可以读一读书。"

为什么说是"冰火两重天"？因为任正非入伍期间，中国正处于"文化大革命"的动乱时期。为了能提高人民的生活水平，中央从法国引进了世界 UI（User Interface 的简称，即用户界面）最先进的设备，准备建设一个大型化纤厂。但这个化纤厂在辽阳太子河边上，条件异常艰苦，而且当时很难抽调人手，只能调军队去修建这个化纤厂。由于当时部队的工程建设能力低，所以像任正非这样刚毕业的大学生就获得了机会。

进入这个新的任务基地时，给任正非最深切的体会正如他自己所说的："接触了世界最先进的技术，吃着世界上最大的苦。"当时这个化纤厂是由法国引进的，在中国还从未出现过这么先进的工厂，这是任正非第一次了解什么叫世界先进技术。任正非刚进入施工现场时，数十平方公里的地方没有一间房屋，只能睡在草地上，之后虽然建了房子，但也是漏风漏雨，最低温度甚至达到 -28℃，同时还缺油少盐，也没有任何新鲜蔬菜。

可即使这样，任正非也过得很快乐。因为他可以读书，当时在其他地方读书是要受批评的，只有在这个工厂可以读书，因为需要搞懂那些现代化设备。他努力学习和工作，从一个普通的连队技术员晋升为一个 20 多人的小型建筑研究所的副所长。

|任正非：哪有什么天生强人，有的只是强忍

1976年，任正非和中国一起翻开新篇章

1976年，中国的历史翻开了新的一页，中国整个大环境都往好的方向发展。任正非发明的两项技术填补了国家空白，这和当时国家崇尚科学技术发展的需求相一致，他以往缺失的奖项终于回来了，各类奖励突然排山倒海似的向任正非涌了过来，一时间，他成了"奖励暴发户"。任正非喜欢低调，习惯了默默做事，因此对此事并不热衷，甚至有点回避，所以大部分的奖品都是他人代领，然后再分给大家。从1976年开始，任正非也跟着中国一起翻开了历史的新篇章。

出席科学大会，全家平反

1978年3月，任正非因发明创造有功而被邀请参加全国科学大会。这一年，他才34岁，就因技术突破获得了全军技术成果一等奖，被选为军队科技代表，这在军队中是很少见的，因为这一般都是由共产党员担任。更为突出的是，因"文革"对中国科技事业的破坏，使中国科技发展一度中断，当时出席大会的6000多人中多数是中老年人，任正非是少数年轻人之一。

此次大会的召开，预示着中国科学春天的到来，也预示着任正非个人春天的到来，任正非的科学技术研究终于可以在没有束缚甚至能在国家充分支持下进行了。在大会开幕式上，邓小平作了重要讲话，明确指出"现代化的关键是科学技术现代化""知识分子是工人阶级的一部分"，并重申了"科学技术是生产力"。邓小平的讲话是一个宣言，标志着"文革"带

来的混乱彻底结束，被"文革"禁锢十年的知识分子自由了，他们可以通过自己的知识展现个人价值，为祖国的发展作出贡献。大会极大地鼓舞了全国的知识分子，让他们看见了未来的曙光。任正非也是如此。

任摩逊平反，雾霾终于散去

随着中国科技春天的到来，各地陆续开始平反冤假错案，任正非一家也得到了解放。除了任正非得到了该有的关怀及奖励外，部队还直接派工作组去调查任正非父亲任摩逊，在查清没有任何问题后，直接为任摩逊平反了。任家终于迎来了光明。

"文革"结束后的中国百废待兴，被打乱的各项事业亟待恢复，任摩逊作为具有资深经验和渊博知识的教育界前辈，更是受到了组织的青睐。组织上找任摩逊谈话，邀请其担任重点中学校长。这让被打压了10年的任摩逊异常激动，自己终于可以实现人生价值了。任摩逊不计较职位升降，更不计较个人得失，全身心投入新的教育事业中。在他的努力下，其负责范围内的学校教育质量都得到了明显提升，高考升学率高达90%。任摩逊几乎把他的一生都奉献给了教育事业，一直到1984年75岁才退休。任正非在父亲耳濡目染的影响下，也非常重视教育行业。他除了尽自己的能力为教育事业作贡献，也多次向外界表态："中国与世界竞争、与美国竞争的唯一方式就是做好基础教育。"

父亲平反后，任正非终于顺利加入中国共产党，之后还参加了党的第十二次全国代表大会，并和邓小平等中央领导合影。任摩逊把儿子与中央领导合影的照片做成大镜框挂在墙上，自豪的同时也觉得，任家苦难的日子总算过去了。

第三章

一个40多岁的"创业新人"

▎**任正非**：哪有什么天生强人，有的只是强忍

军人最大的脆弱是退伍

1982年8月，国务院、中央军委作出《关于撤销基建工程兵的决定》，随后中央军委印发《军队体制改革与精简整编方案》，揭开了20世纪80年代"百万大裁军"的序幕。根据该整编方案，任正非所在的整个基建工程兵部队集体转业，成为中建总公司的各个工程局。此时的任正非已经是副团级干部，在部队有着大好前途。但裁军政策一出，任正非又面临人生的一次重大抉择。

对退伍后生活的迷茫

退伍让任正非一时感到茫然，因为他已经习惯了军队生活，虽然军队生活作风俭朴，但无须操心自己的生存问题，他根本不知道离开军队后他要去哪里、做什么。实际上，在最初得知这个消息时，任正非并没有多少心理波动，因为他是军中的技术骨干，他认为自己不会成为裁撤对象，最起码也不会成为裁军的首要目标，而且当时部队的领导已经准备把他分配到一个军事科研基地。所以，刚开始任正非可以不必离开军队，也没打算离开军队。但是，经历小半生风波的他，此时已经意识到了家庭的重要性，他有妻子，更有一儿一女。女儿孟晚舟和儿子任平都非常依赖他。他们作为随军家属常年随着任正非的工程部队四处奔波，没过上几天安生的日子。所以，借着这个契机，任正非想就此离开军队，给家人一个安稳的生活，也让自己有更多的时间陪伴他们。但是，他又舍不得军队，这很容

易理解，正如他自己所说："军人对军队都有一种难以割舍的感情，没有特殊原因谁也不愿意离开军队。"一时间，任正非陷入了前所未有的茫然。

最终在考虑儿女的前途时，任正非还是决定离开军队。孟晚舟上初中时，祖母程远昭将她接到贵州都匀一中。当时她功课基础差，学习非常吃力，每次期末考试的成绩都不理想。直至升高中后，凭着她不服输的劲头，学习成绩才有所提高。而儿子任平，作为家中"老小"，性格晚熟，调皮捣蛋，很少把精力放在学习上，所以学习成绩很不乐观。之所以会出现这种情况，也是任正非把大部分的时间都花在了军队工作上，基本没有时间承担起子女的教育责任。所以，任正非考虑到子女的未来发展，也意识到了自己如果继续选择留在科研基地，虽然自己前途光明，日子舒心，但是对儿女来说就太不负责任了。儿子的学习成绩越来越差，孟晚舟想更进一步学习知识却被各种客观因素限制。为了儿女的未来，1982年，任正非正式离开了自己所热爱的军队。

退伍不退魂，离人不离心

虽然任正非没能在军队一直发展下去，但是这段军旅生涯一直影响着他，不管是在日常生活中，还是在企业运行管理上，处处体现出军队生活对任正非的影响。军队影响了他的信念并锻造了他的钢铁意志、执行力以及社会责任感。

1998年，任正非向华为培训中心推荐的第一本书就是美国西点军校退役上校所写的《西点军校领导魂》，书中主要介绍了西点军校如何培养军队领导者。同时，他还把麦克阿瑟将军要求西点军人始终要坚持的三大信念"责任、荣誉、国家"改为"责任、荣誉、事业、国家"，以此作为华为新员工必须永远铭记的誓言。在与员工的相处过程中，任正非也常常会讲起自己在军队的故事，以及新中国所经历的故事，以此来振奋员工的精神。

军人出身的任正非在做事方面更是彰显军人雷厉风行的性格：他要求做的事情必须做到；在他主持的会议上，发言都要求直奔主题，不讲废话；他更是把从军队继承而来的"攻无不克"的精神用在了对华为的管理上，每年他都会给华为定下一个在很多人看起来都不可能完成的目标，但在任正非的要求下往往都实现了。比如，1995年，任正非要求团队用3年时间让重新组建的莫贝克公司成为国内电源行业第一，期间觉得这个目标太容易实现，缺乏挑战性，严重浪费公司资源，两个月后又提出了"亚洲第一"的目标。这个目标在外界看来就是任正非在说大话，但是在任正非的带领下，这个目标实现了。

把军队语录变成自己的语录

任正非不仅喜欢用军队理念对员工提出要求，还喜欢用军队和战争中的语句与例子来阐述自己的意见与观点。

在谈市场规划时，他说："我们在全国各地建立了很多合资企业，客户经理部就是一个个碉堡，而本地化合资就是通向这些碉堡的一条条战壕。我们在多层次上和客户建立了全方位的关系。我们要把这一个个碉堡建设起来，今年还要再扩大这些碉堡的覆盖，我们只要守住这一个个碉堡，挖通一条条战壕，我们就会有更大的收益。"

在谈组织管理时，他说："金字塔管理是适应过去机械化战争的，那时的火力配置射程较近，以及信息联络方式落后，所以，必须千军万马上战场，贴身厮杀。而现代战争，远程火力配置强大，是通过卫星、宽带、大数据与导弹群组、飞机群、航母集群等来实现的。今天我们的销售、交付、服务、财务，不都是这样远程支援的吗？前线铁三角，从概算、投标、交付、财务……不是孤立一人在作战，而是后方数百人在网络平台上给予支持的。"

在谈海外发展时,他说:"希望国内国外联起手来,一定要打一场胜仗。这个时候队形不能乱。看看那些战争片电影,关键历史时刻,一个队伍的组织不乱,队形不乱,就是最后胜利的基础。"

绝不向生活和事业的挫败"投降"

20世纪80年代,经济建设成为国家工作中心,一时间,人们都把更多的时间和精力放在了经商办企业上。个人的发展不再受到贫穷与出身的限制,只要你够努力、有能力,就能成为被人尊敬的成功人士,商人与公务员、军人一样,都能在这个新时代被人尊重。而邓小平对"改革开放"国家发展战略作了进一步深化,把深圳、厦门、天津等地划为"经济特区"。离开军队的任正非也随着这股大势,南下深圳,进入南海石油集团,正式开启了他的"企业管理"生活。

新生活刚开始时,任正非算是过得如鱼得水,凭借着不断累加的业务经验与出色业绩,两年时间就从普通员工晋升为南海石油集团下属的电子分公司的经理。至此,任正非开启了真正意义上的经商之路。不过,太过顺利的开始,往往潜伏着巨大的风险,任正非在接下来不久的时间里遇上了人生最大的挫折之一——"事业婚姻两失败"。

事业失意:被骗200万元,被公司开除

虽然任正非的前半生遭遇了诸多苦难,但是在个人能力上他一直是很亮眼的。不管是在上学期间,还是在部队里,他都表现得很出色,同学、

老师、领导、战友、亲人都对他高度赞赏。但是，不管过往的历史有多辉煌，取得的成就有多大，都是在任正非的专业领域里，所以，他更能得心应手。下海经商他是头一次，正所谓"隔行如隔山"，以往的经验不能"平移"过来就毫无用处。即使当时成为分公司经理的他已经在职场上奋斗了两三年，但在商场上只能算是"毛头小子"，根本无法和一些商场"老油条"相比。所以，他遭受了从商史上的第一次挫折——被骗了200万元。

200万元，即使是在今天也是普通人无法承担的经济损失，更何况是在20世纪八九十年代。因为这笔巨额损失，公司对任正非进行了严厉惩罚，开除了他。任正非失业了，离开了这个给了自己几年安稳生活的南海石油集团。

父母的支持与家庭的重担

任正非被骗200万元，又被公司开除，远在贵州的父母听闻这个消息后，如遭晴天霹雳，感觉整个天都塌了。父母在痛苦的同时更是担心儿子，为了能给儿子更多的支持，也为了让自己放心，两位老人不远千里赶赴深圳，希望在儿子困难的时候帮他一把。

但是到了深圳后，两位老人才发现任正非的生活比他们想象中还困难。一家人挤在十几平方米的小房子里，做饭、吃饭都只能在阳台上解决。两位老人知道他们的到来势必又要给任正非增加压力，不过不管是任正非的主观意愿还是客观现实情况，都不允许两位老人独自返回贵州，所以，两位老人也只能住下来，和他们挤在十几平方米的小屋子里。

为了节省开销，尽量不给任正非压力，喜欢抽烟的任摩逊不再上街买香烟，尽管他知道深圳有很多他这一生从未见过、品尝过的好香烟，他只抽自己从老家带来的劣质香烟。程远昭负责一家人的家务，在这种极为困难的情况下，她又把当初精打细算的本事重新展现出来。但是任家在深圳无田无地，无山无水，不能从自然中获取免费的食物，一切只能靠金钱购买。为了能保证伙食,程远昭就去集市上挑选别人不要的鱼虾,买最便宜的菜,甚至菜叶。程远昭不怕丢脸,因为一家人的生活实在是捉襟见肘,她这样做可以最大限度减少任正非的压力。

告别婚姻,从夫妻变成知己

有一句话说:"爱情成就婚姻,婚姻死于生活。"从一定意义上讲,这句话不无道理。任正非在离开南海石油集团之后,又开了一家电子公司。但是创业远没有那么简单,所以结果并没有想象中的那么美好。公司收益很低,只能在生死线上徘徊。不久后,任正非就关闭了这家公司。任正非第一次创业的结束,似乎也预示着不久后婚姻的结束。

其实,事业的不顺利,生活的窘迫以及和任正非长期的分离,早已磨光了俩人的爱情。最后,这段婚姻不得不以解体告终。但是,没有了爱情,却无法否认他们曾相知过,他们走过了一段相互扶持和鼓励的时光。所以,婚姻的解体并不代表他们就此成为"一别两宽,各生欢喜"的陌生人,他们没有"相忘于江湖",而是从夫妻变成"至亲",成为"知己朋友"。

对于与孟军的关系,任正非在2019年接受采访时说过,这是他几十年来第一次在媒体前谈起和家庭的关系。他表示:"我有两次婚姻,三个小孩。前妻是个叱咤风云的人,我跟现任太太结婚,结婚证、出生证都是前妻帮忙办的,两任太太关系融洽。"

不过,虽然任正非和孟军成了至亲,但他也感叹过:"生活无常,爱情难测,年轻时满腔热情但情感失意,功名成就后爱情已经远去。"

| 任正非：哪有什么天生强人，有的只是强忍

不惑之年，成为"颠覆者"

十几年的军队生活，让任正非身上有了军人最大的优点，这就是"敢打硬战、啃硬骨头、吃苦耐劳"，但是缺点也同样明显，那就是不适应市场经济，不太懂得人心险恶。来到深圳这个充满机遇又遍布危机的城市，他似乎也没有完全适应。面对这个全新的世界，任正非的雄心壮志被激发出来，但现实也狠狠地打了他一巴掌。

当事业和生活的挫折接连向他砸来时，他仍然坚信自己能扛过去，在困难的情况下更要发挥军人的品质，挺直自己的脊梁。他也有过迷惑："前方的路到底在哪里？"这种迷茫感跟随了他很长一段时间。

古语有云："山重水复疑无路，柳暗花明又一村。"一次偶然的机会让任正非的迷茫得到了化解。他遇上了在退伍后认识的5个好友，6个人一起筹措了2万元钱，创办了华为公司。在40岁这一年创办华为公司，这让任正非成为一名真正的颠覆者。

万事开头难，只能各方出击

万事开头难，失败的例子更是数不胜数，就像任正非之前开过的一个小公司。虽然与好友合作成立了华为，但并不意味着就能马到成功，任正非与伙伴们仍然要面对着诸多挑战。

华为和所有创业型公司一样，都有着资金有限、经验有限、资源有限的痛点，这些都成了发展的阻力。任正非与好友只能"打游击"，没有固

定的目标，什么赚钱就做什么行业。比如，养生保健领域的减肥药品、安保设施中的火灾报警器和气浮仪等。虽然这种多方出击的行为非常不理智，但是也在一定程度上缓解了经济的压力。

不过，任正非的眼光还是比较长远的，在缓解了经济压力，有了盈余之后，就开始投资一些自己觉得非常有潜力的新行业，寻找新的创业机会。一次，任正非通过友人了解到了一些具有开发潜力的新行业，觉得其中最值得发展的就是交换机。

在当时，确实是进入交换机行业的最佳时机，因为当时的市场经济环境正在改善当中，服务设施有了更大的"被需求"空间。工矿企业、酒店以及各大政府机构为了提高人力资源管理效率及办事效率都会选择购入交换机，交换机是工作体制中比较抢手的技术设备。

确定目标，快速进入交换机行业

在确定目标又经过谨慎的市场调查后，任正非马上进入交换机行业。任正非一直强调"狼性"文化，此时，任正非就体现了"狼性"执行力。当时，以销售HAX交换机为主的国内企业至少有200家，但这些企业良莠不齐，推出的产品质量也是如此。其中一些企业也推出了自己的自研交换机，但质量更差，根本无法满足工作便利的需求；而从国外进口的交换机，虽然性能质量比起国内的产品高出很多，价格也非常昂贵，一般中小企业或事业单位根本无法大量购进。

任正非认为这是一个非常好的商机，如果能拿下性价比高的交换机，肯定能迅速得到市场的认可。于是，他开始收集国内外、港澳台等各地生产HAX交换机的企业，最终选择了鸿年公司。虽然鸿年公司的产品质量比不上国外的一些品牌，但是比国内一些企业的自研产品要好上许多，而且价格也比国外品牌要低不少，可以说是性价比非常高。确定好对象后，任正非马上用行动获得了鸿年公司的认可，成为HAX交换机的国内代理商之一。

任正非在尝到了代理的"甜头"之后发现，如果想让"甜味"持续得久一些，就要在质量和服务上再下苦功夫，这样才能获得消费者的认可，从而持续购买华为的产品。这又再次证明了，任正非确实是一个有战略眼光的人。"口碑效应"确实非常强大，客户一传十、十传百，华为借此赢得了巨大的市场效应，订单数量与日俱增，甚至让鸿年公司几度出现断货。

从代理产品走向研发产品之路

任正非此次的代理之所以能成功，除了代理的产品本身性价比高之外，还因为当时国内的通信市场被国外产品长期占领。20世纪80年代中后期，中国的固定电话网正处于由传统的步进制、纵横制向数字程控交换转型时期。当时电话普及率还不到0.5%的中国市场蕴含的巨大商机，吸引了在程控交换技术上先行一步的世界各国交换机厂商来华淘金，从而形成了中国通信史上有名的"七国八制"，即日本的NEC和富士通、美国的朗讯、加拿大的北电网络、瑞典的爱立信、德国的西门子、比利时的BTM和法国的阿尔卡特。七个国家，八种制式，在中国的电信地图上涂满了各种颜色，全国交换机版图被国外交换机厂商瓜分完毕，这些来自不同国家和制式的交换机互不相通，造成了中国通信市场一片混乱的局面。

两大猛将的加入让任正非坚定自研想法

"七国八制"时代的中国通信市场，客户有着强烈的需求，中国厂商却没有自主创新能力，所以无法满足客户的需求。可以说，中国自主创新能力的缺失，正是任正非的发展机会。多年后，任正非说过这样一句话："没有任何一个国家像中国有这么多的交换机生产厂家，各厂家各自为政，很难使国产交换机的整体水平提高档次，也是产生许多短期行为的原因。当时的现实是，好的厂家都会被拖垮，差的厂家又成不了气候。中国的通信工业处于一个非常时期。"

所以，当时任正非除了从中窥到了商机，也是想为中国品牌、中国制造出一份力。尤其他又是技术兵出身，负责过多次研究项目，所以他非常想做出自己的产品。同一时期，华为两大人才即郭平和郑宝用的加入更是让他如虎添翼，自研产品的决心也更加坚定。

当时的郭平作为华中科技大学研究院的学生来深圳考察学习，华为正是考察的对象之一，任正非就从此次短暂的接触中认识了郭平，并认为他是个可造之才，如果加入华为，肯定会对华为有所帮助。正所谓"英雄惜英雄"，当时的华为各方面条件都不是郭平最好的选择，但是任正非给他勾画了一幅灿烂辉煌的未来蓝图。虽然是画了一张"大饼"，但郭平还是认同了，因为他与任正非的想法一样：中国程控市场或者说是中国经济市场都需要创新。因为双方价值观相符，所以即使任正非给的待遇并不高，郭平最终还是决定加盟华为。

其实郭平下这个决定并不容易，当时攻读计算机专业的郭平可以说是前途光明，去某个跨国公司担任高级工程师都没什么问题，现在加入一个看起来岌岌可危的小公司，让人感到非常意外。除了他自己加入外，他还力劝自己的师哥郑宝用加入华为。此时的郑宝用还在清华大学读博士，在了解了华为与任正非后，郑宝用也决定加入华为。进入华为后，郑宝用担任副总经理兼第一总工，负责华为公司产品的战略策划以及新产品研发的全部任务；郭平担任产品开发部项目经理。

▎任正非：哪有什么天生强人，有的只是强忍

徐文伟助力华为甩开代理商身份

1991年9月，任正非把深圳宝安县耗业村工业大厦三楼租了下来，最初的员工只有50多人，任正非就带着郑宝用、郭平和这50多个员工开始了自研产品的漫漫之路。因为交换机的研发主要需要攻克的难关是芯片问题，所以任正非又"挖"到了一个专业人才——徐文伟。

在华为刚成立时，任正非经常去公司旁边的香港著名企业亿利达附近散步，机缘巧合之下认识了在那上班的徐文伟。徐文伟毕业于东南大学自控系专业，获得硕士学位，强项是电路设计与汇编语言。他的出现让任正非看到了芯片设计的希望，于是任正非说服徐文伟从亿利达辞职，到自己这个只成立4年、前途不稳的小公司。徐文伟进入华为之后，就开始建立了器件室，负责电路板设计与芯片设计的工作。

此时，徐文伟的主要工作就是研发用户交换机的ASIC芯片。但是设计这个芯片，先要在PAL16可编程器件上设计自己的电路，然后再进行实际验证，通过后再委托香港的公司设计成ASIC芯片，再交由德州仪器进行流片生产。这是一个相当复杂的过程，需要付出的成本也不低，单单是一次性的工程费用就高达几万美元，这对于华为来说是一笔不小的开支，而且要完成很难。但是，徐文伟是个实力强悍的人才，本来成功率极低的芯片设计，他一次就设计成功了。华为终于有了自己的芯片，徐文伟将他命名为SD502。

虽然当时的HJD48小型用户交换机并没有使用这颗芯片，不过却为华为后来的芯片发展奠定了坚实的基础。

1991年，郑宝用与郭平联合开发的HJD48小型用户交换机大获成功，并实现了技术上质的飞跃，一台机器可带48个用户。

1992年，华为销售收入突破亿元，华为真真正正地尝到了自研产品的甜头。从此，任正非更加坚定了要继续做自研产品的决心。

第四章

带领华为踏上新征程

|任正非：哪有什么天生强人，有的只是强忍

一半风险、一半机遇的美国之行

从代理交换机到自主研发交换机，任正非在自主研发交互机上获得了小小的成功。但是，由于受环境与资源的限制，任正非所接触到的交互机其实相对普通，而且非常大众化。这一点经验只用在普通交换机上是足够了，但是用在程控交换机上是远远不够的，程控交换机不但对技术要求高，资金投入也高。可是，这个项目任正非必须做，即使当下的市场环境对他极为不利。当时的国内市场不管是科技资源的配置额，还是市场渠道，都很欠缺。华为技术水平落后，人才极为稀缺，根本就无法与世界上做交换机的一流企业竞争。

外企压制下，任正非决定要改变

在程控交换机的研发方面，外企占尽了国内市场吸引外资的优势，因此通信设备产品的输入让中国市场几乎不堪一击，被牵着鼻子走。当时，美国的朗讯、瑞典的爱立信、德国的西门子、比利时的贝尔、加拿大的北电网络、法国的阿尔卡特、日本的 NEC 等几乎全面占领了中国通信市场。

这些大企业看中了富有无限潜力但又没有制造与智造能力的中国市场，因此，在定位交换机的价格时往往"狮子大开口"，欧美企业的价格不低于 300 美元，日本价格也在 200 美元左右。此外，还有围绕产品而来的高延伸费用，包括程控交换机涉及话机组装、零件配置等细节服务，如果需要对方提供这些服务，则要先交 5000 美元手续费，以及长达半年的

排队等候时间。

任正非把中国通信行业被动的局势看得一清二楚。他认为："和平与发展时代的到来，并不意味着中国就不受欺压。欧、美、日等发达国家虽然与广大亚拉非发展中国家冰释前嫌，并成为经济全球化环境中的合作伙伴。但他们在经济合作中仍然会以资本、管理、技术与文化等方面的优势在全球范围内形成新一轮的经济殖民。这种经济殖民更具欺骗性与隐蔽性，让人防不胜防。"

任正非把这个局面看在眼里，作为军人出身的他，除了要为自己的企业搏一条出路，也要为中国的通信市场搏一条出路。任正非想要研发属于华为更属于中国的程控交换机。不过他的这个想法最初遭到了华为管理层的普遍反对，因为在国产产品处于劣势的情况下，去研发国产产品简直是自寻死路，安安稳稳地发展才是硬道理。但是，任正非认为风险与机遇并存，不承担风险将无法获得发展机遇。

去美国学习，降低自研产品的风险

任正非坚持要研发程控交换机，并为此作了充分的考量。在保守与激进之间，任正非作了一个惊人的决定：远赴世界第一经济和科技大国美国，去学习通信业的"真经"。

1994年秋天，任正非带着公司的骨干人员踏上了美国考察之路。这次的行程让任正非感触颇大。他还写下了著名文章《赴美考察散记》。文中讲述了此次美国之行带给自己的震撼与感触。

他的第一站来到了波士顿。这是个美丽的城市，而这个城市的美丽不只在于自然，还在于美国人民数百年来对环境的保护。看到波士顿，他想到了中国。他说："我国教育条件还十分困难，人口一天天增长，受教育的机会与水平均低于发达国家，在高速发展的信息社会里，低文化素质就像一条链子，拖住了整个经济的发展。发达国家用一些硅片，换走了我们大量的花生米，我们常认为这是一种不平等交换。这次我们却普遍认为，美国的教育文化水平很高，科学技术比较发达。不发达国家付出了大量的初级产品，只能换取发达国家的少量高技术产品。前者是随处可买的，价格是有规律的；后者是独特的，价格是随意的，高价用以偿还开发生产中的风险投资及优秀人才的酬金，这并不是掠夺。这样，当然文化越高的人越富有，受教育的机会就越多，更会加剧不平等。发展中国家若不认识到少生、优生、发展教育是真正的出路，那么这种差距到二十一世纪就不可弥补了。感慨之余，回想二十世纪二三十年代的一些先辈，奔走呼号教育救国，为社会所不理解，他们的一片爱国心受到曲解。到了二十世纪六七十年代，教育救国连提都不敢提了，仍然没人理解，反而相信书读得越多越笨。我们触景生情，有此感慨，同样大声呼出教育救国。我公司聚集优秀人才，提高人才浓度的政策是正确的。尽管它暂时增加了生产成本。"

也许，这就是任正非日后一再强调教育重要性的原因之一吧。要想超越发达国家，获得平等权利，就要先把教育做好，教育出好的人才，自然能做出好产品，最终推动教育的发展。

通过此行，任正非除了意识到教育的重要性，更认识到了美国科技的发达。在波士顿之行中，他访问了一家专门生产电源的 CP 公司，参观并听取了各种模块电源介绍，认识到了对方的产品比起中国的产品来说，不知道先进多少。而这家公司只是美国一家很小的公司，生产的产品却超越了中国所有同行企业。之后他们又参观了达拉斯的得克萨斯仪器公司总部，了解了他们的生产及管理模式，参观了 DMOS 的硅片制造过程。参观结束后他又专程赴拉斯维加斯参加了国际电脑展，拜访了如今著名的科技重地"硅谷",再一次见识到美国科技的强大。

此次赴美之行,让任正非意识到,美国也许在其他方面存在着掠夺的历史,但是科技这种东西不是掠夺就能获得的,都是踏踏实实、刻苦钻研出来的。任正非也意识到,日后的华为除了要学习美国的技术,更要学习他们对科技钻研的态度。美国之行让任正非收获颇丰,不仅学习了更为先进的产品技术,更让任正非学习了很多企业生产与管理的先进理念。这对任正非来说意义非凡,对中国企业来说同样意义非凡。

除了不断前进,我们无路可走

美国之行,让任正非受益颇多,更重要的是他对自主研发程控交换机的决心更加坚定了。在此之前,HJD48 小型用户交换机的成功研发让华为赚到了第一桶金,也让华为员工的斗志更加昂扬,即使任正非没有把赚来的钱分给大家,而是将之全部投入程控交换机的研发中。对于这个决定,华为员工并没有什么怨言,他们反而相信任正非。即使原先反对任正非决策的管理层,在美国之行后也从反对变为支持。华为全体上下对任正非的下一步进军路线——将市场定位从普通用户转移到公用电话的电信领域充满了信心与希望。

不成功,便成仁

当时华为的主要客户是事业单位、国营企业以及一些较有实力的私营企业。虽然销售范围广泛,销售额却不高。而任正非决定研究的交换机,虽然客户量较小,但是效率高,而且还有促成与客户长期甚至终身合作的作用,一旦研究成功,将对华为产生深远的影响。想象是美好的,但要把想象变成现实,就需要华为具备更为先进的技术,这对华为来说是一个巨大的挑战。

除了技术,在市场关系上任正非也要带着华为重新经营,实现战略布局的全面更新换代。此外,在程控交换机领域他们还面临更多更为强劲的竞争对手。这对于年轻的、市场地位还不稳固的华为来说是个极为严峻的挑战,甚至可以说"不成功便成仁"。

下定决心背水一战,郑宝用临危受命

军人出身的任正非,有着迎难而上的精神,既然决定要做程控交换机,不但要研发出属于中国自有的程控交换机,还要实现程控交换机的局用化。这也就是说,程控交换机一经开通,运行就不能间断,我国要求局用程控交换机的系统中断时间为平均每年不超过3分钟。这是很高的要求,它也在许多方面影响运行程序的设计。为此,任正非命令郑宝用全程负责此项目。

郑宝用是福建人,任华为常务副总裁、总工程师。他先后主持华为公司几代程控交换机的设计与开发,是一个治学严谨、勇于创新的人,具有很强的科研开发能力、组织管理能力以及擅长合作的协作精神。任正非非常认可他的能力,而他也认可任正非的理念。郑宝用说过:"当时我们的国家特别需要交换机。国外产品长期垄断中国通信市场,价格居高不下,这导致国内电话装机费居高不下,严重影响电话机普及,所以,任总任命我负责交换机的工作,即使知道非常艰难,我也义不容辞地接了下来,只希望能打破国外垄断的局面,让中国每家每户都有能力安装电话机。"

郑宝用带领十几个研发人员打起了攻坚战。他果然不负所托,在局用程控交换机的研发之初就批判性地汲取了传统交换机研发的战略思维,通过模拟空分的技术路线，率先开发出以此为先导的局用交换机。

艰难的过程带来了好的结果

研发程控交换机是一项需要极高技术的工作，不过比起上次的自主研发，这次任正非有了自由的空间，可以放手一搏。任正非将整层楼分隔为单板、电源、总测、准备四个工段，再加上库房与厨房，挨着墙排开十几张单人床，简单地铺设一下，就是所有人的住所。整个团队都以此为家吃住在公司，很多时候根本不知道外面的天气是刮风下雨还是艳阳高照。

深圳的夏天异常炎热，公司只有吊扇，大家却毫不在意，在机器的高温中挥汗如雨，夜以继日地研究着，累了抽根烟、病了吃颗药、困了就睡一小会儿，稍微一调整又继续工作。夜里蚊子多，也没有很好的防蚊手段，但大家累了一天也感觉不到蚊子的存在。

对于艰苦的办公条件，华为上下没有人在意，都觉得熬一熬就行了。可是，公司资金短缺的问题却不是熬一熬就可以的。产品开发出来了，需要专门的测试设备进行测试，没有钱就无法买设备。

为此任正非烦恼不已，后来终于让他找到了一些土办法来解决这个问题。任正非让技术人员用万用标和视波器对产品进行测试，再用放大镜一个一个地检查电路板上成千上万的焊点。有时测试量大，需要动用所有人的力量，每个人同时拿起两部话机进行通话来检验设备的性能。员工们白天测试，晚上再开会讨论相关问题。虽然过程异常艰苦，但最后结出了甜美的果实。

任正非：哪有什么天生强人，有的只是强忍

危机刚过又遇危机

为了研发程控交换机，华为在人力上投入了所有能用的资源，在资金上投入了巨额的研发费用，历经一年的艰苦工作，新产品JK1000局用交换机在1993年初被成功研发出来，并在5月份获得当时邮电部门的入网证书。而此刻在市场上，华为与20多家电信局合资的莫贝克（华为电器）也在筹划过程中，这意味着华为正式打开了与电信局的市场通道。也就是说，在克服技术困难后，华为上下已经做好了全面的准备，要在市场上大力推广JK1000局用机。

1993年5月，任正非主持召开市场部经理会议，确定公司下一阶段的工作重点是向市场大规模推销JK1000局用机。再好的产品如果卖不好也是"废品"，为了打好这场销售战，任正非特别强调了三点：一是要各地办事处主任亲自带领团队，全权负责本地区的销售活动；二是培训中心要配合销售做好宣传营销策划；三是开发部需要安排骨干人员参与推销。

功夫不负有心人，1993年7月4日，江西乐安县邮电局公溪支局成为第一个正式开通JK1000局用机的用户。之后，使用新产品的单位越来越多。

新产品刚入市又遇数字化危机

JIK1000交换机的局用化在国内市场表现不错，整个华为都处在丰收的喜悦中，任正非却在这股喜悦中感到了危机。他知道此次交换机的成

功,是建立在中国市场无法在数字化转换的突破中创造奇迹的基础上的,这才是新产品迅速被中国市场所接受的根源。

其实早在1990年,中国通信市场情况就已经开始发生变化。固定电话的世界排位第133名,还未达到"二战"之前美国的普及水平;而1990年的美国,固定电话的普及率已经达到了90%以上。

任正非一向眼光长远,更讲究实事求是。所以,他在评估与预测中国通信市场时,就预料到千禧年后,中国的固定电话普及率也不会超过6%,而在这个数据里,普通百姓的普及率极低,固定电话大多数都是在金融服务、铁路交通等极少数的高端部门使用。

可是"马有失蹄时",更何况是人,任正非也没有料想时代变迁带来的市场巨变。随着社会主义市场经济体制的全面建立与快速发展,经济实力的提升以及发展的需要,让国内市场对固定电话的需求激增。到2000年,国内固定电话普及率达到了50%,这远远超出了任正非当初的估计。

虽然需求激增,但是华为拼尽全力研究出来的JK1000局用机并未从中获得多少红利。1993年底,各种局用交换机就如雨后春笋般出现,JK1000局用机在经历了短暂春天后就马上进入了寒冷的冬天。更为严重的是,JK1000局用机的技术很快就被国外以及国内的产品超越。华为所生产的JK1000局用机已经没有了竞争优势。

之所以出现这种现象,其本质上不能归根于市场的竞争,主要是因为市场数字化的趋势。在任正非看来,JK1000这款产品能获得最初的成功,是因为国内市场对数字化技术十分生疏。1993年之后,中国计算机行业的快速发展,使得交换机也跟着进入了"数字化"的新时代。相比空分技术,数字技术在使用功能、成本节省与性能技术等各个方面都有着极为明显的优势。所以,任正非认为JK1000局用机有夭折的危险并不是杞人忧天。

除了要面临技术的"断层",行业中各大企业也不会无视华为的崛起。特别是中国提出"通信网建设一步到位"的战略发展规划,让中国电信部门把目光对准了在国内行业处于领先地位的华为,而且相比于国外的产品,华为的收费更为合理。这种战略思维的优势主要体现在光缆传输技术的发挥与普及,即使是在当时还处于严重落后状态的农村,也准备推广使用交换机。这一战略发展的提出,使国内外的通信企业都有了巨大的发展机会。所以,为了抢夺中国通信市场,各大企业都跃跃欲试,企图超越华为。

研发数字化新产品,摆脱挨打局面

毛泽东思想对任正非影响很深,这在他把毛泽东的思想精髓不断地应用在华为的经营发展上就可以看出来。"与时俱进"是毛泽东的重要思想之一,是要求主体能做到紧随历史的时代的变革并走在最前面,不让自己成为牺牲品与被淘汰品。在这一思想的影响下,任正非也希望自己和华为能与时俱进,提前跟着趋势走,避免自己被淘汰。于是,任正非在充分认识了局用交换机的危机后,又决定自研数字程控交换机,避免成为日后的落伍者。

于是,1993年下半年,华为一边在市场上继续大力推广自己的新产品JK1000局用机,一边在研究室里秘密开发一款能替代JK1000局用机的产品。有了两次自研经历的华为,在研究新产品过程中虽然依旧辛苦,但是更胸有成竹,不久后就研发出新产品——C&C08数字程控交换机。这款产品是在基于数字化、内部光纤、智能化的技术上研发出来的。

C&C08数字程控交换机的推出,标志着华为已经具备了与世界先进水平的企业竞争的实力,这让任正非又看到了华为"生"的希望。为了能够让更多的国人使用上我国自主研发的数字交换机,任正非做了一系列计划。他引进了大批通信专业与邮电学院毕业的人才，然后交由更专业的人才郑宝用和毛生江统一调配。为了解决新人经验不足的问题，任正非还将产品的规范理论印成"红皮书"，新老员工人手一本。在任正非的努力下，这款新产品卖出了 2000 台。

破釜沉舟的"义乌开局战"

虽然新产品 C&C08 数字程控交换机的开局不错，成功销售出 2000 台，但这 2000 台是成为可以不断裂变的种子用户还是就此成为沉落河底的小石子，成了一个让任正非此刻极为关注的问题。相对心里的担忧，任正非早就进行了布局。1993 年中，他就把浙江义乌开发成了自己的客户，并将其视为开局的起点。由于新产品在审校时出现了问题，导致义乌项目一拖再拖。一直到 1993 年 10 月，C&C08 数字程控交换机的项目才启动，但是一开局就遇到了各种困难。浙江义乌虽然接到了一批订货，但是在试验第一台交换机时就出现了性能不佳、呼损大、死机、断线、信号质量差等问题。负责这个项目的员工不知道如何解决，于是，任正非与郑宝用带领华为大部分员工赶往合作方义乌电信局，希望能顺利解决问题。

驻守义乌，最终打赢开局战

1993 年 10 月的义乌异常清冷，义乌电信局也没有什么供暖设备，华为员工只能通过多穿衣服来取暖，烧开水时也常常遭遇电源短路，热水都很难喝上一口。但是，"天子守国门"，任正非的出现让华为的义乌项目团队精神大振，士气空前高涨。

为了更快地完成任务,在做交换机的调试工作时,任正非带领团队开始施行24小时的两班倒制,一部分人白天工作,另一部分人则晚上工作,任正非常常一工作就是十几、二十个小时。他抓紧一切时间不断更新和优化技术性能。这时,义乌电信局也提出了更高的要求,希望华为能在提升产品实用价值的同时,也能提高机架的观赏性,把安装的固定方式改造得更好一些,并尽可能地开拓远端用户的功能。为了达到合作方的要求,任正非带着团队在义乌坚守了多年,直到所有问题解决之后,任正非才放心地撤回驻守在义乌的所有员工。而直到撤回所有员工,任正非才确定这场开局战是真正打赢了。

千里马总能遇伯乐

任正非能顺利打开义乌的局面,与义乌邮电局的一个人是分不开的,这个人就是王建林,他当时是义乌邮电局的副局长,专门负责通信建设和技术。

当时,因为国外产品比较成熟,性能稳定,各地邮电局与通信商都采用进口的方式来添置通信设备,而对于国内的产品并不是很认可。王建林在一次记者采访中说过:"当时主流产品是合资企业上海贝尔的S1240交换机,而且因为全国都在预定,市场十分紧张。"在此之前,义乌邮电局使用的纵横式固定电话交换机容量小,通话质量也非常一般。S1240交换机则可以充分解决这个问题,所以广受欢迎。一次在通信设备的杭州展销会上,王建林第一次接触到了华为的产品,觉得华为的产品并不比国外的产品差,而且它的性价比较高。在对比之后,王建林选择了华为推出的C&C08数字程控交换机。但是使用华为的产品,有着不小的压力,而且这是新出的第一台机器,没人用过,需要重新安装电源设备与辅助设备,存在着很大的风险。省局并不同意这个方案,但是当时县市级邮电局对通信设备还拥有自主采购权,经过一番考量,王建林最后还是选择了华为的新产品，让自己成为"第一个吃螃蟹的人"。就这样，面对新品牌和新产品，王建林顶着巨大的压力，订购了 2000 台华为 C&C08 数字程控交换机，并选择了佛堂镇作为开通试点。

之后安装的过程中出现了一些问题，王建林仿佛也成了华为的一员，跟着华为员工一起奋战，一起不断地解决问题，一起不断地对产品进行优化。1993 年 10 月，在义乌同辉商厦举行的鉴定集会上，C&C08 数字程控交换机终于通过了国家邮电部的验收，正式进入电信网络，使之得以推广应用。不过，虽然通过了鉴定，任正非还是派员工在这驻守，以便解决后期出现的问题。任正非非常感谢王建林，如果不是王建林，义乌的局面是很难打开的，而义乌局面的打开为 C&C08 数字程控交换机全国市场的铺设奠定了坚实的基础。

主导"邳州鏖战"，保证万门机问世

华为在 C&C08 数字程控交换机的销售上取得好成绩时，任正非也开始了对新产品——万门机的研发，此次的研发由郑宝用负责。但是万门机并非一件可独立使用的产品，它的作用是提升 C&C08 数字程控交换机的性能。一旦研发成功，C&C08 数字程控交换机便如虎添翼，在同类产品上极具竞争优势。对于华为来说，此次研发也同样重要，因为这是甩开竞争对手的关键点。庆幸的是，万门机研发成功了。

1993 年底，为了快速启动万门机的研制工程，任正非让郑宝用开了一个动员大会，并授予他全部的权力，让他可以放心对员工作出承诺。于是，郑宝用在会上对员工作了大胆的承诺："你们尽管开发，开发出来我们保证帮你们卖掉 10 台。"结果却令人惊喜，万门机卖出的数量根本不是屈指可数的 10 台，而是几十万台。之后的几年，万门机更是成了国内公用电话通信网络中的主流配置设备。华为又一次取得了成功，但是这次成功与研发 C&C08 数字化程控交换机一样经历过坎坷与波折。

伯乐识千里马，大胆起用新人

虽然郑宝用的能力很强，但是一个人的力量终归是有限的。任正非看出郑宝用确实需要一个有才能的人来帮他的忙，于是在众多的员工中选出了李一男。

李一男毕业于华中理工大学，与郑宝用是校友，并且学的是相同的专业，都是光学物理专业。但是他的经历比起郑宝用更为丰富，甚至可以用"天才少年"来形容。他是大学少年班的学生，进入大学时只有 15 岁。他在读研时，还未毕业就选择了出去创业。李一男对自己有明确的认知，他知道自己有才能，但是"良禽择木而栖"，经过各大公司的比较后，他选择进入华为。

李一男入职华为的这一年正好是华为陷入科研战的 1993 年，而他才 22 岁。因为年纪小，所以当时并没有多少人注意他，但这并不包括任正非。任正非让他参与方案设计，在设计过程中任正非看到他天赋异禀、极具创新意识的一面。因为万门机的设计其实是零起点。李一男提出了一个解决方案，即采取"到国外请人才，采取中体西用"的设计路线。

其实这个方案整体上并不是很出色，却让任正非对李一男刮目相看。遗憾的是，李一男的方案最后并没有成功。而且在这个过程中还浪费了 100 多万元人民币，这对当时已经资金吃力的华为来说，无疑是一个很重的负担。

尽管如此，任正非并没有就此否定李一男这个人，虽然第一阶段项目失败了，但是任正非认为李一男还是极有才华的。因此，当郑宝用需要助手时，任正非马上把李一男安排给他。任正非认为："在哪里跌倒就要在哪里爬起。"

郑宝用带着李一男苦苦研究，终于确定了一个新技术的自主研究方案。这种技术一旦研究成功，绝对是连国外的高端产品都望尘莫及。因为国外的万门机大多采取电缆连接技术，虽然电缆连接技术应用市场广泛，但是有很大的缺陷，比如这种技术维护成本高，且对于用户过于分散的地区进行铺设时更无法进行远程市场的推销，光纤技术则完全能解决这个问题。方案确定，郑宝用和李一男立即快速启动了光纤技术。为了能配置更多的机型，李一男采取了一种新技术。在当时，可能连李一男自己也没有预料到，他的这次技术创新，后来能成为世界上最为先进的光传输技术。

主导万门机研究与邳州之战

李一男提出的光纤技术替代是一个好建议，但是华为经不起第二次损失，可也不能就此放弃。为了降低风险，任正非决定亲自出马。

虽然郑宝用与李一男初战不利，但是任正非还是把"将军"的位置给了郑宝用，授权李一男为该项目的总经理，刘平为软件项目经理，余厚林出任硬件项目经理，之后又发掘了费敏、洪天峰、李海波、周元、陈灰、黄耀旭、朱天文、李建国、张裕等人。

队伍集结完毕，技术方案也有了，但事情并不如他们想得那么简单。首先，在万门机研发中需要的大批零件设备都需要大笔的资金才能购买，但此时华为财务很困难。只是，华为上下一心，即使是几个月不领薪水大家也都心甘情愿。

为了研究出华为独有的电路开发板，任正非专门让刘平来负责这项工作。刘平有过开发相关电路板的经验,为了节省开支以及保证成功率,任正非把这项工作交给了他。接到工作任务之后,刘平开始了"闭关修炼",结果却没有如刘平所预料的那样顺利。一时间,整个项目组与开发部都极为忧心。任正非的内心也忧虑,可是作为掌舵人,在关键时刻要稳住军心,因此在众人面前任正非依旧是一副"泰山崩于前而色不变,麋鹿兴于左而目不瞬"的状态。最后,在任正非的带领下,万门机终于研究成功。

产品卖得出去才叫产品,为了推广万门机,任正非选择江苏邳州作为自己的第一个推广战略据点。此次更是一改惯用的"先农村后城市"的推广战略,把第一站选择在了城市。

"进军"城市,对华为来说是一件难得的好事,但对邳州的电信局而言,却有颇多顾虑。因为之前上海贝尔S1240交换机失败了——当地用户需求量过大,形成了供不应求的局面,使得贝尔的订货时间推迟了整整一年。任正非看到了其中的机会,采取了"加塞"式的说服和营销行动,最终获得了邳州的订单。

第五章

狼行天下,逐鹿全球

|任正非：哪有什么天生强人，有的只是强忍

"巨大中华"的崛起与衰落

20世纪90年代，中国的经济处于急速发展时期，中国的通信行业也进入高速增长的阶段，并一度呈现出"百家争鸣"的竞争局面。在市场残酷的淘汰机制下，一些弱小企业被淘汰了，而另一些企业凭借自身过硬的实力成了中国通信行业的标兵。其中有四家企业表现得最为出色，它们是巨龙、大唐、中兴和华为。外界把这四大企业称为"巨大中华"。

为了抢夺市场与客户资源，四家企业展开了激烈竞争。正所谓有竞争才有进步，他们之间的竞争促进了中国各大电信企业在科研、销售和管理层面的全面进步，快速推动了中国通信事业的发展。

"巨大中华"的崛起反抗之路

中兴和华为可以说是先行者，巨龙和大唐属于后来者。在国内市场，华为的发展还算顺利，在20世纪末就成功跻身于四大电信企业之一。不过华为在成功的同时也面临着巨大的压力和无休止的竞争。因为改革开放的政策好，不少国外巨头企业都看中了中国的庞大市场，纷纷进军中国，而首当其冲的自然是"巨大中华"。以华为为代表的四大企业自然很难同这些财力雄厚、技术先进的国际龙头企业相抗衡，在对方采取降价策略后，"巨大中华"的高性价比优势也开始逐渐消失。

这些国际巨头在中国市场获得一定的份额之后，就开始通过合资手段侵吞国内电信企业，首先开始的是比利时合资公司上海贝尔公司，他们以

上海为基地，凭借着强大的后盾，开始疯狂掠夺市场。一时间造成了中国电信市场的混乱，比如因为产品竞争导致的多制式现象，让产品本身的质量开始下滑，互联互通功能被减弱。但这还不是最严重的问题，最严重的是国人长期对国外产品的依赖与对国内产品的不信任，导致中国电信企业在技术独立上出现了问题，以及品牌竞争力也不如国外企业。

面对这个局面，任正非感触颇多，他说："华为在自己的家门口遇到了国际竞争，才知道了什么才是世界先进，我们也在竞争中学会了竞争的规则，学会了如何赢得竞争。"

虽然华为在程控交换机上有优势，但是面对国际巨头企业争夺市场份额的威胁，任正非认为不能只顾自己的安危，正所谓"唇亡齿寒"，先联手对抗外敌，然后再说内部竞争的问题。所以，他要联合国内企业向国际巨头宣战。于是，代表中国电信市场顶级实力的"巨大中华"开始联手合作，很快就粉碎了国际巨头们侵吞中国市场的企图，并夺回了大半个市场，中国的电信市场稳住了。

"巨大中华"的衰退之路

"巨大中华"的联合，为中国电信市场守住了门户，但是这只是一时的。虽然从阵容上看，国内一方也存在着一定优势，背后却也同样存在着巨大的问题。随着时间的推移与资源的耗尽，巨龙和大唐慢慢显露出自身的不足与局限，并在这场战役中先后被打败，只有中兴与华为坚持到了最后。

巨龙成立于1995年，是由几家国有企业发起，战略目标是大幅提升程控交换机的国有化水平，打破国人无法控制这一技术的局面。1991年，解放军信息工程学院的邬江兴首次研究出具有程控计时的HJD04交换机，此后巨龙很快实现了HJD04交换机的产业化，并全面进军市场。

∥任正非：哪有什么天生强人，有的只是强忍

　　1998 年，巨龙 HJD04 交换机的销售额超过了 30 亿元，此时刚刚成立 1 年的大唐也取得了近 10 亿元的销售佳绩，虽然与华为当年的 89 亿元和中兴的 40 多亿元的销售额相比是小巫见大巫，但是这些企业在短时间内就取得如此佳绩，不能不让人惊叹。在前期，这款 HJD04 交换机还很有竞争力，但到了产业突飞猛进的 21 世纪，该产品竞争力明显退化。到了 2001 年，在市场上的表现就已经开始显现出不足。巨龙当年的销售额还有 3 亿元。而同为竞争对手的华为销售额已达到了 255 亿元、中兴的销售额达到 140 亿元、大唐的销售额也超过了 20 亿元。巨龙的陨落，是因为缺乏创新，所以才会被人远远甩在后面，最终走向了崩塌之路。

　　大唐起步比巨龙晚，但从整个发展过程中，境况相对而言好一点。大唐虽是 1998 年成立，它的前身是 40 多年前邮电科学院的电信科学技术研究院。在成立当年的 10 月份，大唐就得到了上海证券交易所的大力支持成功上市。成立第一年，大唐的销售额就达到了近 10 亿元。但是它在发展过程中也犯了与巨龙同样的错误，只依靠 TD-SCDMA 机作为发展重心，没有大力发展新产品。

　　大唐拥有 TD-SCDMA 机这款产品的独家知识产权，且加快了产业化进度，甚至跻身于国际电信联盟（International Telecommunication Union，缩写为 ITU，简称"国际电联""电联"或"ITU"）提出的 3G 体系三大标准 WCDMA、CAMA2000、TD-SCDMA，与 WCDMA 和 CAMA2000 同时在 3G 市场中称为"南面称尊"。遗憾的一点是大唐的眼光太过狭隘，凭借自己独特的优势而沾沾自喜，没有意识到自己的短板，就一味妄自尊大地在市场上横冲直撞。2001 年，大唐的销售额直线下降。1998 年大唐的市场占比为 10%，到了同年年底就迅速降至 8%，2003 年只剩 6%。面对这种大幅的下降，大唐仍然无动于衷，因为先天优势已经让其变得麻木，

又因为其前身是科研院，所以学究风气很重，在生产能力与销售系统的健全上有着明显的不足。随着同行业企业的增多以及竞争企业等方面的进步，大唐更快地显出了颓势，失去了往日的光彩。

任正非亲眼见着盟友的陨落，对此有着深深的感触，同时也让他下定决心，华为务必要在他们衰落的同时扩大战果与规模，与中兴共同承担起抵抗国际电信巨头的重任。

顺利占据巨龙市场，打开新市场

面对"巨大中华"中"巨大"的失势，任正非把前因后果都看在了眼里。虽然可惜他们的消逝，对于"中华"而言却是一个新机遇。虽然在对抗国际巨头的过程中失去了两个盟友，但是在国际市场中，"中华"却拥有着更广阔的发展空间，如果能吸取经验，再加上自身进步，抵抗国际对手也不会有什么问题。

其实，当初国际竞争对手出现在国内市场时，任正非就已经知道，像巨龙这样能把第一台程控交换机完成产业化的企业绝对是强劲的对手，所以即使之后在与巨龙展开合作的同时华为也在悄悄做着准备，在巨龙陨落时，华为很顺利地就得到了巨龙大批的市场资源和广阔的发展空间。任正非之所以能迅速反应拿下市场，其实还是因为巨龙长期对HJD04交换机的依赖，因此在管理、销售以及研发等方面都出现了严重的问题。很快，巨龙的股东被分化为8家，且出现胶着甚至内讧的情况，这才给了任正非可乘之机。

巨龙的内部竞争问题其实早就存在，刚成立时各地的厂家就出现了不正当竞争的行为，希望以此来提高销售额，从而获得总部的青睐。巨龙的主管部门没有意识到这种恶性竞争会给自己带来巨大风险，只看到了HJD04交换机不断扩大的市场份额。然而，越是扩大市场份额，就越削弱自身的竞争力。所以巨龙产生危机时，貌似固若金汤的防线被任正非的团队一击即溃。

在与巨头竞争同时，任正非也带领着华为发起了对大唐的攻势。他就像是一个天生的战略家，能在"内忧外患"的情况下获得胜利，面对两线作战也毫无压力。

为什么任正非选择两线作战？这与他长远的战略眼光是分不开的，他看到了未来国际通信领域的发展趋势。随着3G时代的到来，对其科学理论的研究已经有了相应定位。在新时期，3G的三大标准已出现，且被更多的企业效仿研发。大唐处在三大标准之中，且已经实现了产业化，所以，大唐已经具备了不容小觑的竞争优势，如果华为能成功收服大唐，无疑是如虎添翼。

正在任正非想收购大唐实现技术超越时，一个新的接入设备进入了华为与中兴的视野。20世纪80年代，固定电话是国内市场的热潮，但技术与设备都依赖国外企业，一旦脱离外企，国内企业将付出惨重代价。而新的接入设备的出现，给了中国通信企业一个摆脱国外通信控制的机会。在任正非看来，这不仅是一次产品创新的机会，也是中国通信市场革命的机会，更是赶超大唐的机会。一旦获得该项技术，也就没有收购大唐的必要了。

中兴虽然也意识到了这一点，因此中兴与华为同时对新的接入设备出手。之后两家企业在1995年成功自主研制出基于接入技术的通信产品。华为与中兴都拥有很强的科研能力，也敢于迎难而上，所以才能成为中国通信领域的最终赢家。

贝尔、北电网络、AT&T——狙杀

用免费策略狙击贝尔

扩充实力是第一步,华为和中兴在这方面都已经完成,而华为接下来的一步就是应对更多的外敌。上海贝尔是我国通信领域的第一家合资企业。可以毫不夸张地说,上海贝尔是当时中国所有电信企业最大的"敌人"。

1984年,安徽省合肥市开始了引进万门程控市话交换机和500路长途交换机项目的可行性研究。经过长达半年的比较后,上海贝尔生产的S1240数字程控交换系统获胜。当时,上海贝尔克服了交货等重重困难,调集精兵强将,日夜奋战,终于在1985年的12月完成了任务。先不说产品如何,仅凭这种精神,也是许多企业所不能及的。

凭着出色的产品与强悍的企业服务精神,上海贝尔成为20世纪80年代到90年代国内程控交换机的首位供应商,并为我国的通信技术发展作出了不少贡献。

1995年,华为开始进入程控交换机市场,但与上海贝尔相比,就是小鸡与老鹰的实力。华为在市场方面脚跟不稳,没有自己的核心技术,而贝尔已经是这一市场的领先人物了,所以当时的贝尔也未将华为看在眼里。可是任正非一直是一个非常有雄心的人,虽然上海贝尔未将华为看在眼里,任正非却一直把上海贝尔作为竞争对手,一直想着打败它。终于,在万门机出现、华为有了极具杀伤力的武器之后,任正非直接把矛头对准了上海贝尔。

当然,即使有万门机在手,华为的实力也不如上海贝尔,根本无法与之正面抗衡。所以,任正非采取了迂回包抄的策略——先攻占农村市场,以及东北、西北、西南的落后区域,然后再进攻城市,这就是华为"农村包围城市"的战略。

华为先在这些落后地区营造 V5 接 IZI 的宣传攻势,以 HOME 接入网对抗上海贝尔的远端接入模式,然后再祭出杀招——价格战。采用低价策略,用上海贝尔无法承担但自己能承担的低价去占领农村市场,在农村市场站稳脚跟后再去挤占城市份额,逐步挤压上海贝尔的利润空间。

1999 年,华为正式入川。此时上海贝尔已占领 90% 的市场份额,那么华为是如何把这 90% 的市场份额抢回来的呢?华为当时开始了在如今已经大行其道的"免费策略"。先不提收费,主动把自己的接入网免费送给客户使用,借此在四川各地的网上都布上点。然后,又把新增的接入网抢过来,把点连成面后,再用连接网的优势侵入交换机领域,最后成功抢占了四川新增市场超过 70% 的份额,与上海贝尔并驾齐驱。

1998 年,华为销售额首次超越上海贝尔,次年又以 102 亿元销售额进入前十,进一步巩固了领先上海贝尔的优势。紧接着,华为开始大举进军数据通信市场,并将自己定位为"宽带城域网"倡导者,此时的上海贝尔已经无法与之抗衡。2002 年,上海贝尔被阿尔卡特收购,之后的发展更是每况愈下,被华为远远地甩在了后面。

用闪电战击败北电网络

任正非在 20 世纪的最大目标是打破国际巨头对中国市场的垄断。虽然当时的华为根基尚浅,但他毫不畏惧。在狙击对手上海贝尔的同时,他又把目光瞄向了来自加拿大的北电网络公司,这也是当时中国电信市场的一大巨头。

北电网络公司成立于加拿大，是北美洲著名的电信企业，是国际上分量颇重的供应商。与华为相同，北电网络在科技研发上有独到的一面，同时也重视农村地区和贫困地区的市场开发，一样采取通过自身创新能力与网络技术布局农村通信领域的策略。2012年，北电网络就已经与150多个国家的客户展开了稳定的合作。随着中国实行改革开放政策，北电网络开始进入中国市场，并占据了不少市场份额。1995年12月，北电网络在中国正式成立跨国分部。

北电网络的实力不容小觑。在中国，包括中国移动、中国联通、中国电信、中国网通等电信运营和通信行业的第一梯级企业都与北电网络合作，中国邮政局、中国农业银行、中国国家电力公司、中国海关等企事业单位也都与北电网络建立了长期合作关系。中国接纳北电网络，使之在中国市场上的份额越来越重，边际遍及全国17个省级地区。如果华为想要发展，就必须打败北电网络，将它的市场份额抢过来。

1997年，华为正式出手攻击北电网络。经过仔细的调查研究，任正非很快发现北电网络的短板：一是虽然技术过硬，但是总部设立在国外，不便于展开大规模的研发活动；二是一旦产品设备不合格，就必须有技术专家出面才能解决问题，而这些专家也大多数在国外，无法在第一时间为客户解决问题。

服务是北电网络的短板，却是华为的优势，任正非意识到攻击北电网络的战略就是"靠服务制胜"。确立这一战略后，任正非马上在已经控制住的市场中建立起针对客服的反应机制，以便在第一时间与客户建立起紧密联系。客户一旦出现问题，华为能立即派出工作人员去解决。

在攻击上海贝尔时，任正非采取的是"持久战"；而攻击北电网络，

| 任正非：哪有什么天生强人，有的只是强忍

任正非采取的是"闪电战"。凭借着距离优势与第一时间反应速度，华为迅速捕获了客户的心。这个战略效果非常明显，华为很快就取得了被北电网络占据的部分市场。只是，与此同时，北电网络也开始了反击战。2006年，北电网络在全球内重新部署战局，并在中国的北京、广州新设研发中心，以弥补自己在服务方面的短板。2007年更是在上海建立起有"亚洲第一"之称的全球运营商业基地。通过两年的布局，北电网络基本把自己所存在的漏洞补救了回来。但即便如此，任正非也依然步步为营，因为他知道此时的北电网络是"外强中干"。任正非仍在持续他的战略。2008年，北电网络宣布启动破产保护程序，并陆续出售了原有的旗下业务。半年后，北电网络又把旗下的LIE和CDMA业务出售给了诺西公司，这两个业务是业内公认的北美市场中的拳头产品和最有价值的资产。这个举动证明了华为正式打败了北电网络。

打败AT&T，将它赶出国门

在把上海贝尔和北电网络拿下后，任正非又把目光对准了在中国电信市场割据一方的其他电信企业。国际巨头虽然强大，却只知道各自为战，这可能与西方"崇尚个人英雄"的文化有关，也可能是他们根本没有意识到起步于1987年的稚嫩弱小的华为能以如此惊人的速度成长起来，并迅速击败了两大国际巨头企业，隐隐有登上业内巅峰宝座的趋势。但任正非不管他们怎么想，他丝毫没有止步的想法，在击败北电网络后又迅速盯上了朗讯和AT&T。

1885年2月，正当贝尔公司在电信领域独领风骚之时，该公司在美国新泽西州的茉莉山上把自己一个非常重要的业务独立了出来，成立了一家名为"美国电话电报"的公司，也就是AT&T公司，这也是朗讯科技公司的前身。"背靠大树好乘凉"，在贝尔的庇护下，这家公司发展得很快，之

后更是脱离了贝尔，有了自己独立的品牌，成为名满美国的AT&T公司，同时还带走了贝尔最具竞争力的"贝尔实验室"，以此为基础创造了许多商业奇迹。

贝尔实验室曾经走出过11位诺贝尔奖得主，该实验室还成功推出了晶体管、C++语言、UNIX系统以及移动电话。雄厚的背景和实力让AT&T极具商业野心，利用自己的优势进行疯狂的吞并与收购，一度占据超出美国80%的市场份额。它的疯狂之举让各家企业坐立难安，它的垄断举动连美国政府都感觉到了危险。于是，被其绞杀的1000多家中小企业终于被迫走向了联合，再加上美国政府的支持，多方联手对AT&T进行了全面反击。

AT&T不愧是百年企业，这场大战持续了数十年，后来美国司法部与联邦政府下定决心以立法方式打击垄断，让AT&T在1984年1月1日宣布解散。但是"百足之虫死而不僵"，在度过第一阶段后，它又化身为西方电气公司、国际公司、长线部，并将原来的22个地区性运营公司合并为7个。之后，又在1991年收购现金出纳机公司，1994年收购蜂窝通信公司，这两家公司的加入让AT&T空前强大。在稳定了根基后，AT&T又大摇大摆地进入了中国市场。

面对AT&T的嚣张气焰，任正非下定决心一定要将它赶出中国。但是，根基深厚的AT&T并不是那么容易被打倒的。于是，任正非决定采用与北电网络交锋时同样的战略，通过"敌疲我扰""打击短板"的战术来攻击对方。

任正非发现AT&T的弱点是规模太过庞大，体制变得相对僵硬。因为这家公司的部门和层级太多，在处理一些问题时常常会手忙脚乱，效率低下。任正非抓住这一点并迅速开打，最后成功击败了AT&T。

任正非：哪有什么天生强人，有的只是强忍

把"走向国际"从理想变成现实

华为一直心怀"走向国际"的理想，这也是由华为的"奋斗者精神"所决定的。将"走向国际"的理想变成现实，就能扩张华为公司的国际市场，从而形成华为以全球客户为中心的局面。任正非曾经给来华为公司取经的欧洲某大型电信企业高管讲课，主题就是"以客户为中心，以奋斗者为本，长期坚持艰苦奋斗"。现在华为"走向国际"的理想早已变成了现实。

华为人走向国际的"奋斗者精神"

20世纪90年代中期任正非在规划"华为基本法"时就曾经明确指出，要以一位奋斗者的风采，将华为打造成为一家全球化公司。任正非曾经多次对华为员工和高管宣讲这样的理念："为了不被狮子吃掉，山羊必须跑得比狮子快；为了不饿肚子，狮子必须比山羊跑得更快。"也就是说，华为公司具有双重的角色，即在世界市场做一只"山羊"，在国内市场则要做一只"狮子"。这样的双重角色，推进了华为人走向国际的决心。数年以后，华为已处在国内领先地位，而华为扎实的技术根基又为其创新国际品牌、开拓海外市场奠定了良好基础。

实际上，真正的华为人都是善于合作的。华为在进入全球市场时，总是在与国际同行携手合作，包括采用代理、定点生产（OEM）、合资公司等模式,既借着合作实现共赢,也由合作实现自己的高质量成长。走向国际,还可利用海外企业在国际市场的渠道优势,大幅降低进军发展中国家和发达国家的困难,加快国际市场的开拓,又充分发挥本地化的战略优势。

华为人走向国际的"奋斗者精神",还包含着古老的东方智慧,这就是追求合作共赢。例如,2016年1月,华为公司与波兰波兹南超算中心(PSNC)合作成立联合创新中心,在高性能计算(HPC)、云存储、大数据等多个领域进行联合研究。同月,华为又与印尼通信部在其首都雅加达成立 ICT 创新中心,这一平台主要为印尼本地提供行业创意资源和平台,培养该国通信技术人才,一起完善和推动行业法规。华为由此进入印尼市场。2016年3月,华为公司还与马耳他政府设立联合创新中心,投入安全城市解决方案的研发中,帮助其公共管理部门应对安全威胁。此方案整合了警报系统、数据传输、视频监控、警力调度、交通管理等多种技术。这些合作都凸显了华为人大刀阔斧走向国际的理想和现实。

华为全球化发展带来的丰硕成果

华为奋斗者"走向国际"的理想,为华为公司的全球化发展带来了丰硕成果。在2004年2月,华为公司总部接到雅典奥运会承办方电话,对方请华为给即将召开的奥运会提供全套的 GSM 设备,还愿意立刻支付900万美元订金。实际上,这是华为"走向国际"的理想取得成功的标志性事件。而在2004年3月25日,华为公司在英国设立欧洲区总部,这是华为走向国际化的又一个重要标志。2004年7月28日,借助思科华为案的契机,华为得到全世界的瞩目,在国际市场获得了合法身份。当时,华为生产、销售、研发部门已在全球悄悄设下50多个办事处,华为海外员

| 任正非：哪有什么天生强人，有的只是强忍

工也达到3000多人，客户涉及国内外的80多个运营商。

从这以后，华为全球市场的业绩逐年上升。到2013年，华为公司营收超过爱立信，成为全世界最大的通信设备供应商，而且此时的华为已经成为了通信行业的国际引领者。2014年5月7日，华为公司在巴黎塞纳河畔发布了该年度最重磅的旗舰机P7。华为P7的目标销售量在1000万台以上。P7的定价也意味深长。海外的市场价格为449欧元，国内市场价为2888元。定价公布以后，手机业界的权威人士都相当佩服华为公司的勇气。这是因为过去几年靠着价格战迅速积累起巨大规模的国内手机行业，对于2000元以上的手机，一直有一种"高处不胜寒"的感觉，这成了手机厂商的心头之痛。其实，价格战打下去，最后只会让手机企业消失。而P7如此敢作敢为，主要还是华为走向国际战略的成功，华为品牌在全世界流行起来。按2014年的统计，华为的海外销售收入占到公司的70%左右，在全世界范围共有15万员工，还为超过170个国家和地区提供服务。这一切都表明，华为走向国际的理想已经成为现实。

华为不只是重视发达国家的市场，也以华为人的奋斗精神出现在发展中国家。以缅甸为例，缅甸华为终端国家主管在接受缅甸电视台采访时说，在2014年，华为取得优秀成绩，50%左右的手机市场份额压倒苹果、三星等厂商，在全缅甸的范围内设有5家旗舰店，300家华为合作的零售店面，还有30家品牌店。华为还结合当地的消费习惯，重点选择明星代言、缅甸小姐赞助、世界杯播放赞助、产品发布、大学奖学金赞助、路演等一系列的品牌宣传活动，有力地扩大了华为公司在当地的品牌形象和影响力。在用户服务方面，华为在仰光建立了三层级维修网络，包括2家服

务专营店、33个接机点、5个服务维修点，还建立Facebook、服务邮箱等多种互动渠道，及时受理用户投诉和咨询。

一位与华为长期合作的零售店面的店主说，顾客喜欢华为品牌，受欢迎的机型包括Holy、Honor4X、G620等，华为的旗舰机G7、Mate7都是主要卖点。这位店主对华为有信心，将会更努力地销售华为公司中高端机型。

在走向国际的过程中，华为品牌逐渐获得了全球市场的认可，销售额也不断上升。华为的海外销售额在1999年就达到了5亿美元，2001年为32亿美元，2002年猛增到55亿美元。华为2016年发布的2015年年报表明，这一年海外销售收入达3950亿美元，海外的收入占到公司总收入58%。而华为公司的价格优势，对全球的业界巨头都产生了巨大冲击。与世界其他厂商相比，华为公司有一些相当明显的优势，构成了华为的强大竞争力。当然，这都与华为奋斗者走向国际战略有密切的关系，具体表现在以下几个方面。

第一，华为人心里有着深刻的"以客户为中心"意识。在华为公司，到处可见"聚焦客户、诚实守信"等标语。华为公司客户研究部门人员的身影经常出现在全球各地，他们与客户进行交流，倾听客户的心声，又将客户的需求反馈到研发部门。公司研发部门根据客户需求不断地改进产品，打造出符合全球客户需求的优质产品。

第二，华为的业务渠道处在良性运作中。随着全球业务的发展，华为公司摸索出一整套成熟的渠道运作模式，包括渠道管理、行业拓展、分销拓展等内容。华为公司面向全世界的渠道体系，支撑着全球超过40个国家和地区的营销网络，使华为产品在这些国家和地区的市场销量和份额不

任正非：哪有什么天生强人，有的只是强忍

断上升。

第三，华为每年投入不少于销售额10%的技术研发资金，还坚持在自主研发的基础上进行开放合作。如华为公司WCDMA技术的研发资金，累计已达40多亿元，研发人员则在3500人以上。研究这项技术的研究机构分布于国内外多个地方。在国内设有上海、北京、深圳、南京、西安、成都6个研究所，海外也设有5家研究所。

第四，华为产品的价格极具优势。华为公司网络接入产品的美国价格还不到美国思科公司同等性能产品的一半，华为产品价格也较日本本土厂家低10%。

第五，在"不同的只是价格"的原则下，产品质量是华为公司走向国际市场的另一个决定性因素。自从1997年以来，华为公司就系统地引入国际级管理咨询公司，建立了与世界接轨基于IT的管理系统。还与IBM公司、PWC、Hay Group等公司开展深入的合作，涉及集成产品开发（IPD）、集成供应链（ISC）、质量控制、财务管理、人力资源管理等多个方面。这些都使华为产品的质量得到大幅提升。

第六，华为还凭借周到快捷的客户服务、完善的解决方案、特有的技术，获得了海外市场的良好评价，由此产生了良好的经济和社会效益。当然，这些令人瞩目的业绩，都离不开走向国际战略对华为奋斗者的支撑。

不相信"莫斯科没有眼泪"

在华为公司走向国际的征途中,以奋斗者精神获得俄罗斯市场是一个关键环节。1996年,任正非领导的华为人看到中俄达成战略协作伙伴关系这一变化中隐藏的市场商机,就加快了进入俄罗斯市场的步伐,并通过与俄罗斯的合作,开始进入更广阔的独联体市场。苏联时期有一部电影叫作《莫斯科没有眼泪》,该片主要讲述了一名17岁的女工卡捷琳娜找到自己真正幸福的故事。华为布局俄罗斯市场之时,乐观的人仍然认为"莫斯科没有眼泪",但任正非不相信"莫斯科没有眼泪"这种论调。事实上,当时俄罗斯市场的形势,还有对华为相当不利的一面。

华为人不相信"莫斯科没有眼泪"

苏联解体之后,俄罗斯在较长时间内出现轻工业品匮乏的局面。而随着中国的改革开放,经济快速增长,产出的轻工业品也大量积压。这时大量中国生产的服装、玩具等轻工业品进入俄罗斯市场。有一些国内商人出于牟利的目的,将大量质量不高的产品倾销至俄罗斯,造成了中国产品的信誉和口碑在当地大幅下滑。尤其对从中国来的高科技产品,当地人更是缺少认识。因此,在20世纪90年代,进入俄罗斯市场的中国商品,几乎成了"劣质品"的代名词,对于华为而言,由此带来的负面影响相当大。

不仅如此,华为还面临着欧美电信巨头的强大竞争压力。这些企业常年在全球市场运作,口碑和信誉良好,由此积累了丰厚的无形资产,形成先天的市场优势。以德国商品为例，那时俄罗斯当地人对德国的商品有很高的信任度。

另外，还有许多因素表明，对俄罗斯市场说"莫斯科没有眼泪"是不正确的。在20世纪90年代，俄罗斯的经济形势趋于恶化，卢布持续大幅贬值，俄罗斯人民的生活水平大幅下降，通货膨胀相当严重。甚至不少跨国公司也对俄罗斯的市场前景不看好，纷纷撤出俄罗斯市场。此外，语言障碍也是华为面临的一个现实问题。在当时，俄罗斯人英语好的不多，而华为员工英语好的同样不多。英语好加上技术好的人更是少之又少。语言障碍导致的沟通不畅，给华为人进入俄罗斯市场带来了诸多不便。

的确，"莫斯科没有眼泪"的说法是荒谬的。对于在俄罗斯市场所碰到的问题，任正非和华为人坚持"莫斯科不相信眼泪"的态度，这正是奋斗者应该具有的立场。任正非向华为人推荐了一个光碟，那是《莫斯科保卫战》的上集。在影片中，一位普通的苏军军官在生命的最后一刻，面对铺天盖地的敌人，发出了决不屈服的声音："俄罗斯大地辽阔，可我们已无退路，后面就是莫斯科……"这句话成了苏联卫国战争的写照，那就是通过艰苦奋斗取得胜利。在这样一场战斗中，最后剩下的28名军人全都牺牲了。但这句话在保卫莫斯科的军民中传开，鼓励着他们；现在又流传下来，鼓励着以后的奋斗者。由于这一声音与华为人的"奋斗者精神"一拍即合，因而在华为走向俄罗斯市场和国际市场的时候，"奋斗者精神"依然是华为的进军宣言。

向奋斗在国际市场上的华为人下放权力

华为在进入俄罗斯市场的时候，还确立了一个支撑华为人走向国际市场的重要原则，那就是向奋斗在国际市场上的华为人下放权力。这是使华为走向国际市场的理想变为现实也是发挥华为奋斗者战斗精神的关键所在。

任正非在谈到这一放权原则时说道:"今年是我们把计划和预算权力下放到地区部的第一年,这一年是很关键的一年。如果我们走错了路,我们可能三到五年都纠正不回来;如果走对了路,那我们发展的速度会非常快,所以今天我给你们带来了一个光碟,《莫斯科保卫战》的上集,下集扔了。只给你们看上集。这是描写第二次世界大战时,苏德战场上苏军早期在西线全面溃败的情景。在苏德战争初期,除了斯大林同志的刚愎自用,听不进任何意见,没有做战略准备外,还有斯大林时代清洗了800万红军和党的干部,从而使苏联红军不成熟,教条主义横行,苏军的中层不决策,执行中的僵化教条,使得希特勒以闪电战攻击苏联的时候,苏军毫无还手之力,在西线全线溃败,被德军合围。苏联在卫国战争中共死亡3500万人,其中2500万是军人,多数应该是在早期西线溃败的时候牺牲的。这个错误是以数千万军人的生命为代价的。敌人都已经兵临城下了,应该不应该做战争准备?保管员甚至以签字不完成为由不打开武器库;不会打仗的军事委员们,一件小事都要等大本营的指示,恰好电话线已被德军炸断……这样一个状况跟我们今天很像。"

任正非指出:"在我们这个体制里面,中层不决策的情况还是很严重的,我们干部队伍里面中层干部不决策的情况跟西线的苏联红军是一样的,苏联红军就是很多中层不决策,一定要等到斯大林的命令,敌人打到眼皮底下,打不打还要等命令,所以说苏联红军的教条主义情况和我们这么多年的情况很相似。我们很严重的是中层不决策,中层也不承担责任,所以高级领导直接指挥到作战基层。高层领导听不到炮响,他的指挥会存在一定的问题。决策重大战略问题需要一个很漫长的时期,高层的决策可能是对的,但在攻取一个山头的问题上,高层未必比听到炮响的领导更正确,所以我们要把这个指挥权下放。下放以后,我们就发现几个问题,基层拿到权不知道该干什么用。莫斯科保卫战最终虽然胜利了,真实的情况就是大冰雪帮忙。零下四五十度的低温,德军坦克凝固了,德军的机械化作战部队运作不起来了,应该说老天帮了很大的忙。但是华为公司可没有上帝,没有一个人会帮我们的忙,一旦我们出现溃败的时候,是没有人会帮忙的。所以,我们计划权力下放是正确的,不下放是错误的!但是过去没有给你们决策权也是正确的,在我们公司没有建好一个体系、一个队伍、一个制度的时候,我们权力下放的结果是更糟而不是更好。在我们这个体系建设过程中,我们上层起了很大的推动力量作用,导致中层干部不承担责任,等待决策,跟苏联红军一样。现在我把权力下放给你们了,其实你们还不成熟,但是你们要担起这个责任来,你们担不起来,你们这个地区就会出大问题。"(以上摘自任正非《在埃及代表处的讲话纪要》,2008年2月15日)

华为在俄罗斯市场取得醒目业绩

华为奋斗者冷静的思维、正确的决策,再加上艰苦奋斗的精神,使华为公司在俄罗斯市场取得醒目的业绩。从1996年开始,华为用3年时间,在西伯利亚首府诺沃西比尔斯克与莫斯科之间铺设了一条光纤电缆,长达3000公里以上。2001年,华为又与俄罗斯电信部门签署了上千万美元供应GSM设备的合同。到2002年底,华为还在俄罗斯获得一个超长距离的国家光传输干线订单,距离达到3797公里之长。

华为公司还加强与俄罗斯的人才及技术方面的国际合作。1999年,华为在俄罗斯设立了一个数学研究所,用以吸引俄罗斯一流的数学家参加华为公司的基础性研究。2005年,华为又设立俄罗斯研究所。这家研究所曾在2G和3G算法的层面上取得巨大突破。这一研究所拥有非线性能力中心、大数据分析能力中心、最优化能力中心、算法工程化能力中心、信道编译码能力中心、信源编解码能力中心和并行编程能力中心7个中心，充分集结了当地基本算法方面的人才。通过这些技术前沿的触角，华为将国际先进的人才、技术以各种形式引入。

赢得俄罗斯市场是华为走向国际的重要一环。在这一过程中，华为人还具体表现出下述的奋斗者特质。

第一，华为人有一个响亮口号："泪洒五洲，汗流欧美亚非拉！"这一口号反映出华为人艰苦奋斗、持之以恒的精神，他们每一步都表现出决不放弃的意志。因此，华为人能做到"屡败屡战"，跌倒后又站起来，总结经验、改正错误，然后继续前行。

第二，任正非常常教导华为人"不能等没有问题时才去进攻"，因此，华为奋斗者有面对问题和解决问题的勇气，正视管理、产品、市场等方面的各种问题，在竞争中不断发现问题和解决问题，由此不断学习、不断进步。

第三，在华为公司，从总裁任正非开始，使命感和危机意识贯穿于全体员工之中，由此而具有走向国际的宏伟胸怀。《莫斯科保卫战》中苏军军官在生命最后时刻发出的呐喊"我们已无退路，后面就是莫斯科……"也是华为使命感和危机意识的写照。

第四，华为奋斗者明白，市场本来不是自己的，而是奋力争取来的。这样，就需要不断地对自己的产品精益求精，做到服务周全、技术进步、质量稳定。这就是华为人的核心竞争力。

我们看到，在莫斯科保卫战中，莫斯科不是没有眼泪，在俄罗斯的华为人也不相信"莫斯科没有眼泪"。事实上，在由任正非带领的华为奋斗者走向国际化的过程中，他们从来就不相信眼泪。

|任正非：哪有什么天生强人，有的只是强忍

对第三世界国家实行"农村包围城市"

华为从创办之初，就坚定着走向国际的雄心壮志。但是，这可不是一件容易做到的事情，必定会经历千难万险，要在整个国际市场上与欧美发达国家的巨头周旋、战斗。将走向国际的理想变成现实，不仅需要奋斗者的勇气，还需要有奋斗者的智慧。实际上，华为走向国际是从"亚非拉"等不发达的第三世界国家开始的。这也就是说，华为在全球市场上实行的是"农村包围城市"的战略，从容易攻克的地方着手，以艰苦奋斗的精神克服困难，最终取得胜利。

制胜国内农村市场后，转向第三世界国家市场

不过，即使是第三世界国家的市场，仍然是海外市场，不做充分准备肯定是不行的。因此，从1987年成立公司开始，华为就一直在做着准备。首先是管理体制上的准备，在华为军事化直线管理的组织系统基础上，实行矩阵结构的改革，设立地区公司和事业部，以增加作战的机动性，来适应千变万化的海外市场。与此同时，华为还在国内市场展开了与各大电信巨头的竞争。面对国内强大的竞争者，在城市的胜算不大，任正非就指挥华为奋斗者深入中国的农村市场，不放过每一个微小的商机。等到实力壮大以后再夺取城市市场。华为在国内农村市场的行动，可以看作是后来在第三世界国家实行"农村包围城市"的预演。

与上海贝尔争夺市场,就是一个典型的例子。刚开始时,上海贝尔依靠比利时贝尔总部提供的资源,发挥其资金、技术等优势,使华为难以开展工作。此后,任正非实施"农村包围城市"的战略,在江苏农村地区发展了许多"游击队",又在东北、西北、西南等不发达区域,实行大包抄的战术。只要是上海贝尔不愿去的地方,华为就去。1994年,华为在江苏邳州开设C&C08程控交换万门机第一局,华为也首次进城,取得最初的胜利。到1999年,华为以免费联网的办法在四川实行"农村包围城市",从而站稳脚跟并击败上海贝尔。华为这一年的全国销售额达到100亿元以上,最终"吃掉"了上海贝尔手里的市场。

华为在国内取得"农村包围城市"的胜利之后,任正非的目光转向了海外,认为华为落实走向国际战略的时机到了。他对华为奋斗者说:"若三五年内不能建立国际化的队伍,那么中国市场一旦饱和,我们将坐以待毙!"这是非常有远见的观点。也就是在这一时刻,华为组建了海外远征军团,开始了占领全球市场的艰难进程。

任正非的第一步,就是进入"亚非拉"等第三世界不发达国家,这是在国际市场开展"农村包围城市"战略。任正非有一种现实主义的全球视野,他知道,应该逐步蚕食国际巨头拥有的市场份额。而在具体应用的时候,还需要"集中优势兵力,攻克一个重点市场"。在这些不发达国家的海外市场中,一个国外工程师或技术人员,一天仅工作8个小时,华为却是好几个工程师,每天每人工作12小时。再多的BUG(设备漏洞)和问题,对华为来说都不是困难,时间长、人多、测试次数多,就能在短时间内取得研发的突破。这就是集中兵力所产生的优势。

即使是在第三世界国家,华为奋斗者也有着卓越的信誉。利比亚在

任正非：哪有什么天生强人，有的只是强忍

2011年爆发战事的时候，欧美通信设备厂家在第一时间做出的选择是迅速撤离，无人选择留下。虽然中国政府在这时也提供专机接走在利比亚的华侨和华人，但华为人坚定地选择了留守在用户身旁，保证通信设施的正常运作。因为在这样的时刻，信息畅通是最重要的。华为正是靠着这种"奋斗者精神"，打开了第三世界国家的市场，在全球市场成功地实现了"农村包围城市"。

华为关心海外员工的生活

对于奋斗在海外不发达国家的华为员工，任正非是相当关心的。有一次，72岁的任正非亲赴尼泊尔、泰国视察工作，当时有人问他"网上传说员工34岁要退休，不知谁来给他们支付退休金"时，任正非在对当地华为人的讲话中，回答了这一问题，他说："我们公司没有退休金，公司替在职的员工买了社保、医保、意外伤害保险等。你的退休得合乎国家政策。你要是离职了，就得自己去缴费，否则，就中断了。国家不承认，你以后就没有养老金了……华为是没有钱的，大家不奋斗就垮了，不可能为不奋斗者支付什么。30多岁年轻力壮，不努力，光想躺在床上数钱，可能吗？"

在这一段讲话中，任正非也传递出关于华为淘汰制的信息，通过淘汰带来正面的激励作用。当然，任正非在尼泊尔视察工作时，不仅在物质上支持奋斗在当地的华为员工，还给他们带来精神上的激励。他对在第一线艰苦奋斗的员工说："我承诺，只要我还飞得动，就会到艰苦地区来看你们，到战乱、瘟疫等地区来陪你们。我若贪生怕死，何能让你们英勇奋斗。我鼓励你们奋斗，我自己会践行。"

现在华为约有15万员工，海外员工达到4万多人，近4000名华为人工作在条件艰苦的非洲地区,还有一些人工作在亚洲的不发达地区。为保障这些海外奋斗者的健康和安全,华为与美国国际集团的美亚保险和友邦保险等机构合作,建立起员工全球紧急医疗救助服务系统。这类商险虽然花费较高,但其保障更加充分。若符合美亚保险的重大疾病险要求,员工可在一个月内一次性获得20万元赔付。如果不小心损坏了他人设施和物品等,美亚保险的商务旅行险将为员工支付80万元以内的个人第三者责任保险赔偿。

为应对华为公司全球140多家分支机构可能的突发事件,华为还设立了突发事件应急处理的相关流程和常设组织,可以在事件发生后第一时间开启应急措施,以最大限度减少突发事件对员工的危害和对业务的影响。华为公司还成立代表处、地区部、机关三级应急保障工作组,以制订方案、调动资源,处理突发事件。为了保障海外华为员工的安全,华为一般都会租用当地富人区的房屋供员工住宿。

华为海外员工的福利待遇也节节升高。为丰富海外员工的业余生活,华为公司每年都拨出专款购买健身器材、乒乓球台、影碟、电视机、书籍等配备给那些海外奋斗者。对已婚的海外员工,公司还为其家属探亲提供一年三次的往返机票。华为还设立了遍及全世界的行政管理体系,海外代表处设有食堂、图书馆等。有些偏远地区水质不好或饮水困难,驻外的代表处就采用购买纯净水的办法来解决。这些年来只要遇上紧急情况,华为都会上下协调一致,采用一切力所能及的办法,以保障员工生命和财产安全。

有这样的典型事例,能说明华为对员工安全和健康的关心。2012年12月4日晚,安哥拉华为代表处的28岁员工王琮,突感身体不适,代表处立即将其送往当地治疟最好的专业医院治疗。这位员工被诊断为脑疟，肾、肝同时衰竭，医院下了病危通知书。此时，华为员工保障应急小组联系当地多家医院后发现，安哥拉的医疗条件比较落后，能满足治疗要求的医院在南非约翰内斯堡。当地距约翰内斯堡超过2500千米，飞行时间3小时，而使用救援专机的费用，一次就需15万元。员工保障应急小组当即决定：要不惜一切代价保证员工生命安全！

12月7日的凌晨，救援专机将王琮护送到约翰内斯堡的医院，当地员工轮流看护，医生则采用最佳方案进行治疗。还有20多名华为及其他中资机构人员为王琮义务献血，总献血量达1万多毫升。与此同时，华为还在第一时间安排家属办理签证和机票去南非。不久王琮病情基本稳定，意识也恢复了，各项身体指标转为正常。王琮的家属说："华为公司强大的爱心阵容，形成了巨大的合力，使徘徊在死亡边缘的王琮转危为安。"

这位员工能获得专机救援，保证最佳抢救时间，也得益于华为给员工购买的商业保险之中含美亚保险公司商务旅行险，其中涵盖了病情危急关头等紧急情况的专机救援服务。为使员工获得更充分保障，华为除参加法定的社保外，还为海外员工购买各种商业保险项目，如商业人身意外险、商业重大疾病险、商业寿险、商务旅行险等，这使海外奋斗者获得了法定社会保障和公司法定义务外商业保险的细致保障。

"擒贼先擒王"的欧洲攻略

华为在深圳设有一个欧洲小镇，位于靠近深圳的东莞市松山湖畔。这是一个集行政、会议、住宿、研发等多种功能于一体的办公基地，它最能表现华为走向国际的理想和现实。从小镇"巴黎站"坐上一辆深红色的小火车，兜完一圈约需半个小时，途经"巴黎区""海德堡区""牛津区"等12个风格各异的分区。欧洲小镇是按照任正非的想法设计的，反映了他的欧洲情怀，更确切地说，反映着华为走向国际的决心。

欧洲小镇启用于2018年，现在已是华为的重要地标，体现了华为"擒贼先擒王"欧洲攻略。而遥远的欧洲市场，对于华为走向国际的奋斗历程尤为关键。尤其在面临美国严峻压力的今天，英、德、法等国都对华为采取接纳的态度，这就为华为公司进一步走向欧洲、走向国际提供了更为广阔的空间。任正非相信欧洲，他对媒体表示："每个国家有独自的利益，美国不会有那么强大的力量号召所有人都跟它走。"

确立占领欧洲市场的"擒王"攻略

回想当年，华为人要走向国际、进入欧洲发达市场的决心是很大的，但进入欧洲，一场艰难的硬仗难以避免。作为奋斗者，任正非果敢智慧地下了这个决心，确立了华为占领欧洲市场的攻略，那就是"擒贼先擒王"。这个"王"就是品牌，而品牌又要靠技术和质量作支撑。

2005年，华为在欧洲已经有了一些业务，当时主要做数据卡（无线广域网调制解调器)。最初的数据卡是由比利时公司 Option 生产的,因成本很高,市场价格达到 1000 欧元。而华为生产的数据卡成本不到 100 欧元,因此不仅迅速进入了欧洲市场,还于 2009 年实现了全球 3500 万的出货数量。此时华为也在欧洲市场用贴牌(ODM)的方式卖手机。2006 年与当地的沃达丰签订了首份 ODM 合同,以后又与欧洲各主流运营商签下许多 ODM 合同。在贴牌定制模式下,手机是卖给运营商而非消费者的,华为手机以这种方式进入了欧洲市场。不过,ODM 模式无法满足华为奋斗者。2011 年,华为欧洲总裁余承东卸任后,转任手机公司的 CEO。他制定了华为手机从低端转为中高端的策略,并开启电商销售模式。此后,任正非亲自牵头开了一次重要的华为终端业务会议,决定放弃定制机业务,打造自有品牌。实际上,凡是处在市值高峰的科技企业,自有品牌都在全世界范围得到用户的高度认同,如微软、苹果、谷歌、亚马逊等,其业务也遍及全球市场。当然,这些品牌都以强大的技术作基础。华为在欧洲市场的"擒王"战略此时呼之欲出。

不过,华为的战略转变,也带来了不同寻常的挑战。据华为西欧地区部总裁彭博回忆:"ODM 停掉,收入出现大幅度下滑,消费品生意在欧洲面临很大的危机和挑战。"据统计,2012 年华为欧洲区的营业收入下降近 60%,其中相当大部分的收入还来自数据卡。如何解决这些难题,华为内部有过长时间的激烈争论。不过,任正非和余承东坚决支持华为打造自主品牌,任正非最后为华为的"擒王"攻略拍了板。实际上,这时 ODM 业务更趋艰难,转变攻略也是当务之急。

在战略转变之后,华为的欧洲市场运作进入第二阶段,时间从 2012 年至 2015 年。这是欧洲业务最艰难的四年。在 2012 年 1 月的 CES 国际电子消费展上,华为公司发布 P1。到 2013 年,华为又发布了 P2。因这些产品功能不齐全、耗电量大、用户体验比较差，在欧洲市场的销售量很少。那个时候，很少人用华为手机，做消费者业务的华为人是被迫使用，华为自己的员工实际上都不屑于使用华为手机。

为了扭转被动的局面，从2012年开始，余承东在华为的消费者业务部门实施了从零起飞奖。彭博如此解释这一奖项："我们是双轮驱动，研发部门持续做产品创新，而销售部门根据客户需求和市场反应不断倒逼研发进行整改，我们内部称之为拧毛巾，用这样两头拧毛巾的方法，来逼迫我们手机产品和质量的提升。"这是从技术和质量着手，努力打造华为的手机品牌形象。经过3年的持续投入，不断的品牌宣传和产品创新，欧洲的用户逐渐接受了华为手机。到2015年，华为公司的欧洲销售又恢复到2011年的高峰收入水平。在这段艰难时期之后，华为人主要考虑的已不是"活下去"的问题，而是如何"擒王"也就是如何打造华为品牌的问题。彭博回忆那些年时说："在欧洲做生意不难，但是要做成一个高端品牌，能让今天的欧洲人认可和认同，愿意掏1000欧元去买一个Mate 20 Pro还是比较难的。我觉得没有在欧洲占据主流高端位置，谁敢称自己是一个全球品牌？高端产品在高端市场成功，才能称为真正意义上的全球消费者领导品牌。"

华为智能手机引爆欧洲市场

2016年2月，华为发布P9，产品一上市立刻引爆了欧洲市场。P9智能手机的摄像头使用了莱卡新技术，还是华为首款搭载双摄像头的机型。这款以斯嘉丽·约翰逊和亨利·卡维尔为代言人的手机，在当年底的销售量就超过了1000万台，成为华为公司首款出货量突破千万元的高端旗舰机。这是华为欧洲市场业绩的真正转折点，"擒贼先擒王"攻略开始发力了，华为手机在2016年的欧洲市场总体份额已经占到10%。

按照IDC（Internet Data Center，互联网数据中心）的统计数据，华为公司2017年第一季度欧洲市场的手机出货数量达到360万部，市场占有率为11.4%。而到2018年第二季度，欧洲市场的手机出货量已高达670万部，差不多接近倍增，占到欧洲市场24.8%份额，一度比苹果手机的销售量还要多。而据GFK（捷孚凯市场研究集团）的数据，在西欧的手机市场中，2017年第一季度华为销售占比达到11.7%，这一年的第三季度增到12.1%。在2018年第一季度，华为手机销量占比已达到15.2%，当年的第三季度达到19%。上述两组数据都显示，近几年，华为手机的欧洲销售趋势都是急速增长。

从全球范围来看，华为手机的第一大市场还是在国内。但华为的欧洲市场已经迅速崛起，在华为的全球分区中位居第二，销售收入增长接近5倍。而且，这部分收入的50%来自华为高端机。从欧洲分区域的市场看，华为手机在西班牙和意大利已经取得市场份额第一的位置，在德国则排名市场第二。而在英、法两国，华为的市场份额都稳定在第三名，还与市场第四名拉开相当大的距离。华为欧洲市场的快速增长，也提高了其全球市场地位。在2018年的前三个季度里，华为手机的市场份额都保持在第二名。华为公司生产手机的时间还不长，却已在全世界的手机市场中占有了非常显著的地位。华为手机的品牌影响力也迅速提升。余承东过去发微博用的华为Ascend D1手机，在当时是没有人看得上的，而他现在用的是华为Mate 20 Pro，这是一款令许多人惊羡的智能手机。由此还可看到，华为人前进的步伐令人惊叹。

"擒王"攻略所起到的关键作用

实际上，华为奋斗者在欧洲的成功，还不仅在于市场占有量，最令华为人骄傲的还是其高端产品的研发和成功。现在华为的高端手机产品，占到其欧洲市场销售额的50%以上，这表明华为已经成功地实现了"擒王"战略，其高端品牌的形象得到欧洲用户的普遍认可。以下三大举措对于华为人在欧洲市场实现"擒王"攻略起到了关键作用。

第一，把握当地的消费需求，消费者服务团队本地化。在欧洲，华为消费者服务部门重要职位的主管全是本地人，这些部门差不多完全本地化了。华为人还细致地把握当地人的喜好和需求。如Mate 7、Mate 8等6.1英寸手机在国内销售很好，在欧洲却卖不动，质量、功能再好也不行。国内金色、粉色手机好卖，在欧洲却卖不动，欧洲人喜欢灰、蓝、黑等颜色，2016年前卖出的手机黑色占六成。欧洲人换机周期约两年，买一部300欧元中高端手机会花两三个月时间去反复比较性价比。

第二，顺应移动互联网的潮流，改变品牌营销方式。华为的欧洲营销充分使用新媒体及户外广告，这是与三星等品牌很不相同的。如让意大利青年按后网络时代的"新文艺复兴"的方式，将所拍的照片放在网上，又由华为打印出来在米兰街头展示一个月，就起到了极好的传播效果。华为还赞助过许多欧洲体育赛事让更多人注意到华为品牌。

第三，将消费规律、产品创新、本地化三个方面进行有机结合。华为与莱卡合作，将欧洲领先的拍摄技术用于手机产品，就是一个显著例子。

华为人通过"擒贼先擒王"的欧洲攻略，在欧洲市场取得巨大成功，同时使其产品迅速地赶上了国际水平，超过了许多竞争对手。华为品牌也在全世界范围获得了广泛的认知，并作为一个高端品牌，在全球的高端市场稳固扩展。

第六章

开启"备胎"战略,
让华为获得反脆弱能力

|任正非：哪有什么天生强人，有的只是强忍

任正非的战略决策是着眼于全局与未来

你一定知道华为，但可能不知道华为有多厉害；也许你知道华为厉害，2018年的营收比BAT（百度、阿里巴巴、腾讯三大互联网公司首字母的缩写）加在一起还要多，但你可能不知道任正非有多厉害。可以说，没有任正非就没有今天的华为。从早期的艰苦奋斗，到如今的掌握大方向，他就是华为的"定海神针"。为什么30多年来任正非在股权只有1%左右的情况下，对华为还有着如此大的影响力？这得归功于任正非每一次都能给华为带来正确的战略决策。他看事情、做决策从来不局限于眼前的"一亩三分地"，而是着眼于全局和未来。

提升反脆弱能力，应对未来不确定风险

什么是反脆弱能力？其实就是指企业是否有应对未来不确定性风险的能力。很多人都把它理解成危机意识，也有人理解成坚强，其实并不是。因为坚强、坚韧最多只是保证企业不会受伤，反脆弱却是在摔倒之后让自己变得更好。也就是说，脆弱是在不确定性当中受伤的，反脆弱则是在不确定当中获益的。就像是扔乒乓球，扔下去后，它弹起来，扔得越用力，它就弹得越高。任正非一直以来对华为的发展要求就是类似于"反脆弱"。华为不但要保持危机意识，让自己不受伤，还要在风险中获益。

其实这一点，从此次华为面临的"5G危机"中就可以看出，任正非将"反脆弱能力"贯彻到整个事件处理过程中。面对此次的美国禁令，外

界都认为华为到了最危险的时刻,任正非却说"现在的华为处于最佳状态"。这并不是一句漂亮的场面话。任正非说之前的华为人多多少少会沉湎于短暂的胜利和辉煌当中,有了"大企业病",整体都处于懈怠的状态,危机意识、奋斗意识减退。此次美国禁令则把华为人惊醒了,让华为又回到了过去那种众志成城、艰苦奋斗的状态。所以,此次的禁令带给华为的损失只是暂时的,更多的是华为从中受益了。

其实不只是5G带来的美国打压风险,一直以来,华为随时都在面对危机,经历过的严酷考验多不胜数,比如20多年前的那次。那是在1993年,华为还在研发邮电局使用的型号为JK1000的程控交换机,华为为这个产品付出了全部的心力,付出了所有的资源,因为它是华为进入电信市场唯一的"入场券"。但是这个产品的用户最大容量只有1000,而已经与国外接轨的邮电体系交换网容量早已得到极大提升,华为想获得邮电局的订单只能再做进一步研发。为此,任正非不得不紧急招聘大量工程师,投入更多的资金研发更高用户容量的C&C08数字程控交换机。

大量的人力物力投入,让华为的资金流几乎处于断裂状态,甚至连薪水都要发不出,只能给员工打白条。但是,即使在这种情况下,华为的每个人都心甘情愿地接受,他们愿意和任正非共渡难关。从这时开始,任正非就开始意识到如果要应对未来风险,首先就要自强,要有应对外界变化的能力。

大格局让任正非具备远瞻眼光

任正非的战略决策之所以能着眼于全局与未来,知道早早就要提升企业的反脆弱能力,是因为他有着大格局。什么是大格局?对于这一点,我们从任正非早期回应媒体的访问中就可得知。

第一,做好自己的事情。任正非指出:"面临美国的'90天'临时执照,最重要的还是把自己的事情做好。"意思是企业要重用人才,不断进行技术创新,不依赖他人,做好自己该做的事情,就可以无惧风险。

第二,不排斥他人。任正非指出:"虽然,自己研发了海思芯片,也不会轻易狭隘地排除美国芯片,不能孤立于世界。"事实情况也确实如此。发展是来源于继承,更是来源于交流与学习,只有不断地学习先进的东西,能够博采众家之长,为自己所用,才能算得上是真正的强大自身,也才有资格去拒绝别人,才有更多自由选择的权利。

第三,不煽动情绪。在华为面对美国打压时,中国掀起了一股挺华为的浪潮,这本无错。在华为遇到困难时,中国人、中国企业就应该支持。但是,这股挺华为的浪潮走向却越来越偏,很多人偏激到只要你买其他国外品牌的产品,就是不爱国。对此,任正非明确地声明:"以前对华为有两种情绪,一种是鲜明的爱国主义支持华为,另一种是认为华为绑架了全社会的爱国情绪。如果认为不买华为就是不爱国,那我们孩子就是不爱国,因为他们也用苹果产品。千万不能煽情,不能使用民粹主义这种东西。不要这么狭隘地认为爱华为就爱华为手机,我们家人现在还在用苹果手机,苹果的生态很好,家人出国我还送他们苹果电脑。"

在这一点上,我们就可以看出任正非是个有大格局的人,不会因为利益而不择手段。他明明可以借助这股浪潮,让华为的产品销量取得新高,但他拒绝了。

我们佩服任正非,他的成功只是很小的一方面,关键是他的清醒。他能用大格局去清醒地看待一切问题,不会因困难就退缩,而是勇往直前,并在此之前做好应对的准备;不会因利益而迷失双眼,而是清醒地看到无端利益带来的背后危机,然后果断拒绝。

无惧美国,任正非的底气来源于"备胎"

《左传·襄公十一年》中说:"居安思危,思则有备,有备无患,敢以此规。"意思是,生活安宁时要考虑危险的到来,考虑到了这一点就要为危险而做准备,事先有了准备,等到事发时就不会造成悲剧了。用这句话来形容任正非的一系列决策是最合适的。2001年3月,任正非在公司内刊上发表了一篇名为《华为的冬天》的文章。这篇文章包含的核心观念就是"华为的冬天,一定会来"。文中指出:"我们的公司真的太平时间太长了,在和平时期升的官太多了,这也许就是我们的灾难。泰坦尼克号也是在一片欢呼声中出的海。没有预见,没有预防,就会冻死。那时,谁有棉衣,谁就活下来了。"至此,"冬天"就成为了危机的代名词,它警醒着华为,也警醒着处于各个行业的企业。美国打压事件更足以证明,《华为的冬天》确实能帮华为度过"冬天"。

备胎是华为最大的底气

一个中国企业,为何能抗住世界第一强国的封杀?华为给了国人一个"硬核"的答案,就是华为在时刻准备"过冬"下所制定的"备胎战略"。因为这个备胎,华为有底气、有把握,能通过未雨绸缪、持续不断地研发,把核心技术掌握自己手里,所以才能"泰山崩于前而色不变,麋鹿兴于左而目不瞬"。

"越高端,'备胎'越充分",在面对美国封杀下,华为一直隐身在背后的"备胎"一夜转正，在得到业界一片赞誉的同时，也安了时刻关心华为命运的人的心。什么是"备胎"？备胎就是退路，就是企业的第二种选择，更是在危急时刻能挺身而出去挡住外界攻击的盾牌。备胎的背后是坚持底线思维，是永远保持着的忧患意识。

美国封杀事件发生后，相较于外界的慌乱担忧，华为的表现虽然不能说毫无波澜，但也算得上是沉着冷静。也许在很多人看来这是不可思议的，因为美国的封杀是直接掐住了华为的命脉，华为无力脱身。危机事件刚发生时，海思总裁何庭波就第一时间发声，宣布自主研发的芯片将推出，紧接着消费者业务 CEO 余承东高调宣布："华为自己的 OS 操作系统，最早将于今年秋季推出。"这些自主研发的芯片、操作系统就是华为安然度过"冬天"的"备胎"。每年在研发相关方面的巨量投资与专利申请，是华为也是任正非底气的来源。

创新让华为收放自如地进行反击

在任正非看来："欧美国家固然有许多技术值得中国企业学习，但是如今的中国已经不是外资躺赢的时代，这种对中国压倒式的局面，早已成了历史：2010 年谷歌就因为市场份额原因退出了中国市场；2016 年，Uber 也成为了滴滴的手下败将；百度、腾讯、阿里巴巴等互联网企业的崛起，让外企很难在中国的互联网领域生存。今时今日的中国，已经不是那个只能'任人辱骂，却无反手之力'的沉睡雄狮。现在面对任何问题，中国、中国企业都有举手反击的能力。"所以，任正非在首度回应美国禁令时即强硬表示："即使美国请求我们在那里生产（5G 设备），我们也不会去。"

一是任正非对华为 5G 的布局从来不在美国，而是在全球；二是即使华为与美国的诸多企业合作，但华为自己一直都保持着独立的发展道路，不依附于任何公司,更不依靠一家企业;三是不少国外的企业,已经无法跟上中国速度,它们远远地落在了华为的后面,所以在一定程度上,它们依赖华为的程度比华为依赖他们的程度要大得多,甚至有些中小企业在失去华为这个合作伙伴之后,就直接走向了灭亡。

所以,面对美国封杀,任正非可以在采访中自豪地说:"在最先进的领域不会有影响,至少5G不仅不受影响,而且别人两三年后,也不会追得上我们。"数据也证明了华为不但具备底气,还具备了反击的能力。2018年,世界知识产权组织发布的数据显示:"华为通过的国际专利申请高达5450件,全球排名第一,远远高于第二名,并创造了WIPO历史上由一家公司提交国际专利申请记录。"

华为的"备胎"底气和"反击能力"都来自创新。技术创新才是企业的命根子,创新能力的比拼才是最终的较量。但需要注意的是,创新绝不是一个人的战斗,更不是三两天的奋发,而是一场艰苦的持久战。它考验财力,更考验心性。只有持续地研发投入,创新引擎才能一直保持动力澎湃。"备胎"能转正,能抵御攻击,就是因为华为十几年如一日地坚持不懈,舍得投资,舍得下苦功夫去培养人才。

正所谓"能用钱解决的问题都不是问题",比起财力投入,更考验人的心性。冷板凳要坐十年,说起来容易,做起来却非常困难。这不仅考验华为的心性,也考验"备胎"的心性,很少有人能躲在背后默默无闻十年。所以,当业界纷纷为华为叫好时,不妨先自省,是否能摒弃功利思维,扎扎实实地做好技术创新的必修课。只有不断地进行技术革新,"备胎"才能成为企业无比深厚的底气,任他狂风暴雨也无畏无惧。

|任正非：哪有什么天生强人，有的只是强忍

"备胎"转正的"海思"，到底是谁

2019年5月17日，一封华为海思总裁的信件引起了社会的广泛关注，登上了微博热搜。信中说："多年前，还是云淡风轻的季节，公司做出了极限生存的假设，预计有一天，所有美国的先进芯片和技术将不可获得，华为仍持续为客户服务。为了这个以为永远不会发生的假设，数千海思儿女，走上了科技史上最为悲壮的长征，为公司的生存打造'备胎'。"其实华为的"备胎"有很多，其中最受人关注的"备胎"就是海思。海思是谁？为什么它能成为华为"备胎"战略中的最强关注？

海思人物：一位低调的铁娘子

现任的海思总裁叫何庭波，是一位低调的"铁娘子"。她就和未被正名之前的海思一样，非常低调，检索资料时发现，她过去很少接受采访，所以资料并不是很多。在此事件之后，对何庭波的关注一时之间升到最高。华为官网简介显示："何庭波出生于1969年，毕业于北京邮电大学，硕士。1996年加入华为，历任芯片业务总工程师、海思研发管理部部长、2012实验室副总裁等，现任海思总裁、2012实验室总裁。何庭波现在也是华为17位董事会成员之一。"

虽然资料少，但是她偶尔也会出席一些大型的专业活动并发表演讲。从她的演讲中也可以体现出她的低调朴实，以及她做海思的核心要点。在2017年的台湾积体电路制造股份有限公司（TSMC，简称台积电）30周

年庆典上，何庭波发表了主题为"工程师"的演讲，大致内容如下：作为一名半导体芯片的工程师，已入行20年，经历了半导体芯片的发展过程：从0.5微米到0.35微米、0.25微米，再到现在的28、16、10纳米，现在则在做7纳米，突破后还会进一步做5纳米这种更先进的工艺。甚至面对同一个问题，也会每隔一段时间产生新的解决方案，比如计算，一到两年就会更新一次，从最早的算盘到计算器、计算机，甚至移动计算平台……这些新的解决方案，都是由一群薪火相传的工程师提出的。他们有着一种强大的属于工程师的文化、荣誉感与感召力，以及他们对未知世界的探索精神，让他们能够不断提出新的解决方案、不断地工作、不断地创造性的交付，让我们的世界一点一点变得不一样。

从她的发言中也可以看出，她一直强调的也是一种自主研发能力，"创造就是荣耀"，所以她对于是否能站在台前、是否能盈利并不是很在意。

海思地位：二级部门，一级权重

海思是隐藏在华为背后的半导体公司，负责华为芯片的研发与销售，于2004年成立，主攻消费电子芯片，从半导体产业类型来看，海思是属于无晶圆厂IC设计公司（Fabless）。海思的前身是华为集成电路设计中心，总部在深圳，北京、上海、成都、武汉、南京、东莞等地以及国外新加坡、韩国、日本、欧洲都设有研究中心，旗下员工7000名。

海思虽然名义上是二级部门，公司地位却很高，如今更是排在了与5G并行的行列，它们都是华为核心竞争力的保障。

在任正非心中，海思芯片的重要性远高于手机。在《华为手机往事：一个硬核直男的崛起故事》中曾提到，任正非曾对何庭波说："我给你每年4亿美元的研发费用，给你2万人，一定要站起来，适当减少对美国的依赖。芯片暂时没有用，也还是要继续做下去，这是公司的战略旗帜，不能动掉的。"

海思故事：2000年时差点被卖掉

数据显示，从2010年到2017年，深圳海思的营业收入增长了10倍，但是因为研发投入金额庞大，毛利率并不高。所以在这期间，任正非也一度出现摇摆，曾想放弃海思，任正非说："我们在2000年左右也很犹豫，我们曾经准备100亿美金，（把海思）卖给一个美国公司，所有手续都办完了，就等对方董事会批准了。我们都穿上花衣服，在沙滩上跑步、打球，等着批准，这个时候美国的董事会换届了，拒绝了这次收购，我们就没有完成这次交易。"

为什么要卖掉海思？其实也是迫不得已，任正非对当时要卖海思的决定也做了解释。他说："我们是最没有钱的公司，可怜得不能再可怜，我们交税将近两百亿美金，我们的科技经费将近两百亿美金，人工工资加起来也快三百亿美金，在这种情况下我们还拿出大量的钱来做事情是很艰难的，咬着牙做了这么多年，慢慢地也挺过来了。"

现在看来，没有卖掉海思是一件天大的幸事，否则华为就没有了如今的底气。其实在此次事件后，不管是任正非还是华为，或是海思的负责人，都明显意识到，海思一定要留下，即使现在不盈利，日后肯定也能一飞冲天。何庭波还曾对此做出明确表示："在盈利能力上我们挺不错的，当然和三星、苹果还有数量级差距，但这恰恰说明我们有更大的成长空间。尤其是我们的高端品牌已经树立起来了，在欧洲很多市场也比较成功，未来三五年我们还会比现在好很多，我们一起努力。"

海思产出：涵盖各方面芯片

很多人都以为海思只产出了华为手机芯片麒麟系列，其实除此之外，它还包括服务器芯片、基站芯片、基带芯片、AI芯片，等等。

从产品角度来看，海思共有六大类芯片组解决方案：一是手机处理器麒麟芯片，其制程达到 7NM；二是无限通信巴龙 5000 芯片，这是与其他芯片企业竞争的核心技术；三是数据中心鲲鹏系列，这是基于 ARM 架构建立的，目前已推出 7NM 的产品；四是人工智能昇腾 310 和 910，2019 年已经出现了很多搭载该芯片的设备；五是视频应用芯片，主要包括机顶盒芯片、电视芯片、安防芯片；六是物联网系列芯片，海思推出了新产品。

海思成就："备胎"其实是世界前列

海思虽然是"备胎"身份，但是在行业内的地位并不低，以下数据足以证明这一点：

第一，根据发布的 2018 年全球前十大无晶圆厂 IC 设计公司排名："海思以 75 亿美元营收排名全球第五。"

第二，在发布的《2019 年 Q1 全球半导体市场报告》中显示："海思第一季度的营收达到了 17.55 亿美元，同比上涨 41%，排名上升为 14 位，同比去年为 12.5 亿美元，排名第 25。"

第三，国信证券 2018 年底报告称："海思半导体公司已经成功开发出 200 种具有自主知识产权芯片，并申请了 5000 项专利。"

海思重点：解密麒麟芯片

在海思推出的所有芯片中，麒麟芯片无疑是最受关注的。它和人们的生活息息相关，是在日常生活中会接触到的，华为几乎每一部旗舰系列手机都会搭载"麒麟"芯片。那么这款麒麟芯片到底有多强呢？

从 2016 年开始，华为手机全面崛起，除成为国产手机第一品牌之外，还具备了在国外和苹果、三星全面竞争的实力。华为本不是专业做手机的，在手机行业，它是后来者，这项业务能迅速获得成功，主要原因就是华为把自己在通信行业的特长输出给了手机硬件方面。

华为从 2006 年开始进行智能手机芯片开发，第一款是 K3V1，其应用的手机为华为 P2、MATE1、P6，但是并不是很成功，因为这款芯片制程比同类芯片落后很多，GPU 兼容性更是不高。

2012 年，海思又推出 K3V2 芯片，是最早的真机演示、体积最小的四核处理器，因此成了首枚千万级规模的国产高端智能手机芯片，搭载的手机为华为 D1，自此华为手机开始打开国内外手机的市场。

但是，麒麟这个代号真正被人所熟知是 4G 时代刚开始的 2014 年，麒麟芯片 Kirin920。这款麒麟手机芯片采用业界领先的 8 核 big.LITTLE 架构，支持 TD-LTE、LTEFDD、TD-SCDMA、WCDMA 和 GSM 共 5 种制式，全球率先实现 LTE Cat6 手机商用，支持峰值 300M 极速下载，在性能、工艺、功耗、通信能力等方面都已经达到业界领先水平。该款芯片推出后，华为手机全面爆发。至此，华为几乎每一部旗舰手机都会搭载麒麟芯片，而且因为海思的不断改进，赋予了华为手机更为强大的核心竞争力。比如华为的手机拍照功能，权威手机相机评分网站 DxOMark 榜单显示，华为 P30 Pro 在 DxOMark 一份"后置摄像头"的榜单中评分为 112，排名位列第一。

推出面向下一代技术而设计的鸿蒙

鸿蒙和麒麟一样，是华为"备胎"的双生子，都是华为强大底气的来源。2019 年 8 月 9 日，华为召开 2019 年华为开发者大会，在会上宣布正式推出鸿蒙系统。什么是鸿蒙？余承东称："鸿蒙 OS 英文名'HarmonyOS'，是首个微内核的全场景分布式 OS（操作系统）。鸿蒙 OS 实现模块化耦合，对应不同设备可弹性部署，鸿蒙 OS 有三层架构，第一层是内核，第二层是基础服务，第三层是程序框架。"

华为为什么要推出鸿蒙？在安卓系统已经如此稳定且生态构建已经完成的情况下，其实这和海思芯片一样，也是因为在美国的封杀令下谷歌宣布"将不对华为手机的安卓提供更新服务"，也就是说，谷歌不给华为手机提供系统了。我们都知道手机最重要的就是系统，如果没有系统，手机就无法正常使用。其实任正非早就想到了这一天，他在做手机业务时就想到芯片要有"备胎"，系统也一样要有"备胎"，如此才能不受制于人。所以，在谷歌宣布不和华为合作时，任正非和华为丝毫不惊慌，并马上对外界宣布："和海思芯片一样，华为手机也一样有自研的系统，就是鸿蒙。"

鸿蒙 OS 的四大技术特性

余承东表示："鸿蒙 OS 的出发点与安卓、IOS 都不一样，是一款全新的基于微内核的面向全场景的分布式操作系统，能够同时满足全场景流畅体验、架构级可信安全、跨终端无缝协同以及一次开发多终端部署的要求，鸿蒙是应未来而生的。"余承东为什么敢这么说？难道不害怕遭受外界夸大宣传的质疑吗？当然不害怕，按照华为一向低调朴实的作风，没有事实根据是绝不会这么说的。余承东敢做如此发言，就是因为鸿蒙 OS 具有以下五大技术特性，能够让鸿蒙 OS 在系统上独当一面。

第一，分布式架构首次用于终端 OS，实现跨终端无缝协同体验。鸿蒙 OS 的"分布式 OS 架构"以及"分布式软总线技术"通过以下四大能力，即公共通信平台、分布式数据管理、分布式能力调度和虚拟外设，从而实现了将相应分布式应用的底层技术实现难度对应用开发者屏蔽。此项技术可以保证开发者聚焦自身业务逻辑，与开放终端一样开发跨终端分布式应用,最终让消费者享受到跨终端业务协同所带来的各种应用场景无缝切换的体验。

第二,时延引擎与IPC技术提高系统流畅度。鸿蒙OS通过使用确定时延引擎与强性能的IPC两大技术解决了一直困扰各大系统的性能不足的问题。因为确定时延引擎可以在执行任务前分配系统中任务、执行优先级及时限进行调度处理,优先级高的任务资源可以得到优先调度服务,应用响应时延降低到25.7%。而IPC的性能可以使应用产品的进程通信效率比现有系统提升5倍。

第三,微内核架构重塑终端设备安全性。鸿蒙OS使用了全新的微内核设计,因此拥有比现有系统更强的安全性与低时延的特点。微内核设计核心是对内核功能进行简化,让内核之外的用户能更多地实现系统服务,同时加入相互间的安全保护。微内核提供的服务并不复杂,就是最基础的服务,比如多进程调度与多进程通信等。鸿蒙OS把微内核技术应用到可信执行环境,再通过形式化的方法,重塑可信安全。这是华为首次把形式化方法用在终端TEE,而事实证明效果非常显著,安全等级提升非常明显,而且因为鸿蒙OS微内核的代码量只有Linux宏内核的千分之一,所以受攻击的概率大幅降低。

实现真正的一次开发多端部署,在跨设备之间实现共享生态。华为方舟编译器是首个取代Android虚拟机模式的静态编译器,可供开发者在开发环境中一次性将高级语言编译为机器码。此外,方舟编译器未来将支持多语言统一编译,可大幅提高开发效率。

华为鸿蒙,领跑未来物联时代

鸿蒙的英文名为HarmonyOS,意味"和谐",余承东表示:"鸿蒙系统的推出其实就是希望能给世界带来更多的和谐与方便。"这套系统的基本特征就是基于微内核的全场景式分布，使用者完全可以按照自己的需要进行扩展，同时系统安全性更高，主要应用于物联网，最大的特点是低时延，可达到毫秒级乃至亚毫秒级。

此处需要注意的一点是，实质上鸿蒙系统并不是专门为手机而研发的，在研发鸿蒙时，华为的手机业务并不出色，它是为了物联网而生的。但是，因为任正非以及华为其他领导人的高瞻远瞩，在研发鸿蒙系统时，也兼容了手机应用特性。鸿蒙系统可根据需要随时应用在手机上。

鸿蒙的微内核非常小巧，所以无论是什么设备，鸿蒙系统都可以实现弹性部署，设备需要多大内核，鸿蒙都可以满足。为了实现弹性部署这一功能，华为将鸿蒙系统的硬件资源虚拟化，如此，彼此间就可以随时共享共用。

鸿蒙还可以应用在汽车行业。此前就有车企尝试实现车机与手机互动模式，但不太成功。而鸿蒙系统可以把关联设备的广度及其应用场景进行大范围的扩展。至 2019 年 9 月，华为 HiCar 可支持数十家车厂（包括前装、后装）的上百种车型，同时还能支持导航、音乐、智能家居、有声读物、驾驶关怀 5 大类 App，鸿蒙系统的生态在逐步扩展。

此外，鸿蒙系统还具备与其他智能设备互联互通的能力及低时延特性，因此在实现自动驾驶、建立车路协同网络等方面都有着非常广阔的应用空间。

|任正非：哪有什么天生强人，有的只是强忍

把"备胎"打造成一支"神兽军团"

随着华为"备胎"计划的启动，外界对华为的这个计划表现出前所未有的关注。通过深挖发现，其实华为不只一个"备胎"计划，不仅仅是海思旗下的芯片和鸿蒙操作系统，华为的"备胎"其实是一支由《山海经》神兽所组成的军团。根据资料显示，华为目前已经注册了大量《山海经》中的神兽名称，如"乾坤""玄武""朱雀"等。华为的"备胎"军团可以为华为构筑坚实的"护城河"，他们能够在华为面临断供时保证华为供应链的有序运转，一旦发展成熟，就能全面替代抓住自己生命线的供应商，如谷歌的安卓、高通的芯片等，从而让自己变被动为主动。

从华为的"备胎"军团中可以看出华为超强的研发实力以及任正非的高瞻远瞩，因为在这个错综复杂的环境中，只有自己掌握了核心技术才能应对一切不确定的风险，也才能走得更远。

山海经军团为保护华为而生

从2018年12月份加拿大事件后，华为就密集发布了一系列芯片和服务器产品，比如，2019年1月7日的服务器芯片"鲲鹏"与服务器平台"泰山"；1月18日，发布的5G基站核心芯片"天罡"；3月4日，发布的基带芯片"巴龙"；5月份将搭载华为自研路由器芯片"凌霄"的产品推出。还有早在2018年10月份发布的人工智能芯片"昇腾"。这些"备胎"

第六章 开启"备胎"战略,让华为获得反脆弱能力

的名字都取自《山海经》,华为的山海经军团因此成立。

华为的山海经军团正在不断扩大,国家知识产权局商标局官方网站资料显示,从 2019 年 4 月份开始,华为就开始集中注册一批商标,总量近 200 个,其中包括来自于《山海经》名称的"朱雀""青牛""玄机""当康"等。

华为山海经军团中的成员各有各的使命,目的却相同,都是为了保证华为的四个业务主线不被"一掐就死"。

"鲲鹏"保证华为业务员在极端情况下维持生存

鲲鹏属于服务器芯片,它的使命是保证华为企业业务在极端情况下维持生存。华为业务产品线主要包括服务器、存储、网络设备,此前主要使用的是英特尔的计算芯片,英特尔如果选择中断与华为合作,有了鲲鹏,华为企业业务与云业务仍可以继续运转。

这款能替代英特尔芯片的"鲲鹏"产品具有两个优势:一是拥有完全的自主知识产权。鲲鹏是华为基于 ARM 指令集自研的 CPU,包括架构、芯片和服务器产品。二是大幅提高处理器的性能。鲲鹏 920 芯片采用 7NM 制造工艺,通过优化分析预测的算法、提升运算单元数量、改进内存子系统架构等一系列微架构设计,能够大幅提高处理器的性能。

鲲鹏芯片的参数如下:主频 2.6GHz,单芯片 64 核、集成 8 通道 DDR4、内存带宽超出业界主流 46%;典型主频下,SPECint Benchmark 评分超 930,超业界标杆 25%、能效比优于业界标杆 30%;芯片集成 100GRoCE 以太网卡功能,大幅提高系统集成度;支持 PCIe 4.0 及 CCIX 接口,提供 640Gbps 总带宽,单槽位接口速率为业界主流速率的两倍。

华为推出鲲鹏不仅是让其承担"备胎"的功能,更重要的是要推动 ARM 生态系统的发展,改变英特尔在服务器领域的垄断地位。

| 任正非：哪有什么天生强人，有的只是强忍

"天罡"是华为 5G 实力的突破性高点

2019 年 1 月 24 日，在北京举办的华为 5G 发布会暨 MWC2019 预沟通会上，华为公布了天罡芯片。它是全球首款 5G 基站核心芯片，在集成度、算例、频谱带宽方面都实现了前所未有的突破。它实现了 2.5 倍运算能力的提升，搭载最新的算法与波束赋形技术，单芯片可控制业界最高的 64 路通道，极宽频谱支持 200M 运营商频谱带宽；全面提升了 AAU 的性能，实现基站尺寸缩小超 50%，重量减轻 23%，功能节省达 21%；拥有超高集成度与超强运算能力，比之前的芯片性能增强约 2.5 倍。

天罡芯片可以为 5G 带来以下好处：第一，在 5G 网络层面，该芯片支持有源和无源天线，200 兆频宽要求已成功实现，能把 5G 基站与微波进行有效集成；第二，在 5G 基础设施建设中，在站址选择上更自由，用"一根杆就可以实现 5G"，同时支持 2G 到 5G 的全制式，无须机柜就可以自然散热，实现了全防护；第三，在 5G 安装上，这款芯片能让 5G 的安装比 4G 更简单，可从以往的平均 7.5 小时降低到 4 小时，节省了近一半的时间。

第七章

独特价值观让华为基业长青

│ **任正非**：哪有什么天生强人，有的只是强忍

低调朴实的品格奠定了企业风格的基调

2017年9月15日，对于华为来说是一个大日子，是华为成立30周年的日子。对于中国人来说，"三十而立"是一个标志性的年纪。对于一家企业来说，30年更有独特的意义，它代表着历史、沉淀、成功。但作为中国最大的民营企业，华为却是零庆祝活动、零宣传，华为实在是低调得出乎意料。可以说，除非特别关注华为的人，其他人并不知道这一天是华为成立30周年的日子。

华为的成绩有目共睹，华为的技术已经遍布全球。如今世界上已有超过20亿人每天都在使用华为的产品，除了把国产厂商远远甩在后面，其他如苹果等国际大品牌也早已被其超越。华为的产品线已经覆盖了TCT全产业链，而TCT是所有互联网国内公司的生存基础。华为的营收相当于中国BAT的总和，百度5万员工、阿里巴巴3万员工、腾讯3万员工，华为却有17万员工；BAT每年纳税总额为200亿元，华为为337亿元。华为可以做到不上市、不融资就能有如此成就，几乎没有其他企业可以做到。

事业如此之大，成就如此之高，华为为何还要如此低调？其实这与其创始人任正非分不开，是任正非低调朴实的品格奠定了企业风格的基调。电视剧《亮剑》里有这样一段话："一个团队，这个团队的创始人是什么样子，他的灵魂会深刻地刻进这个团队，这个团队就是什么样子的。"所

以，低调朴实的任正非带出了低调却强大的华为。

"那不符合实际"不是口头禅，是心里话

"人怕出名猪怕壮"，人越出名受到的关注就越多，一举一动都会被放大。任正非就怕这一点，特别是像他这样44岁才"半路出家"创业的人，经常有媒体把他夸大成传奇人物。

有人夸任正非"创业是一项明智之举"，任正非却说"40多岁创业，是因为活不下去，不得不找条活路"；有人夸任正非"在母亲肚子里就想称霸世界，小学成绩好，大学有理想，当兵想当将军，一做华为就想做世界第一"，任正非却说"我小时候成绩并不好，当兵时的表现也很普通。从小就想当伟大领袖，一创业就想做世界第一，这不符合实际。人一成功就容易被外界包装出他的伟大，却没有看到成功前的样子"；有人夸任正非"很神秘，很伟大"，任正非却说"其实我知道我自己名不副实。我不是为了抬高自己而隐藏起来，而是因害怕而低调的"。

对于外界的各种夸赞，任正非的回应就是："那不符合实际"。任正非行事作风极其朴素踏实，做一说一，不喜欢被吹捧，只喜欢踏踏实实地做事。这种品格也让华为人在遇到任何事时，都能低调、踏实、专心地去做好手头的工作，不管获得多大的成就，他们还是脚踏实地、一心一意地去研究出更好的产品。

任正非的低调体现在言行之中

任正非非常认同《老子》中的两段话："天下莫柔弱于水，而攻坚强者莫之能胜，以其无以易之。""上善若水。水善利万物而不争，处众人之所恶，故几于道。"表面平静的水流，底下的水可能很深、很急，这明显就是一种低调的大智慧。因此，无论是在管理上，还是在个人作风上，任正非都是一位非常低调的企业家。他的低调并不是嘴上谦虚和故作神秘，

| 任正非：哪有什么天生强人，有的只是强忍

而是真正体现在他的日常生活中。

任正非几乎不接受采访，也不上电视。他在2019年频繁出现在屏幕上全是迫不得已，他需要出面来安抚广大中国人民和广大用户的心。这种做法在讲究"明星企业家、企业家品牌化"的年代可以说是一个异类。国内有不少企业家都想尽办法为自己争取曝光的机会，以便借此扩大企业的知名度。任正非对此却非常抗拒，他对各种采访、会议、评选及增加华为品牌形象的活动都避之不及。

除此之外，如果不是看过任正非照片或是见过他的人，绝对不会认为他是一家庞大企业的掌舵人。1994年，金森林刚进入华为时，因为工作的原因经常在机房里吃饭和睡觉。7月份的一个夜晚，接近凌晨时段，当大家还在忙碌时，只见一个50多岁的人带着几个食堂工作人员推着餐车进来，并亲自给大家打饭盛汤，嘱咐大家注意身体。当时金森林把任正非当成了普通的食堂大师傅，并未多加注意。8月份时他参加新员工座谈，提前到场时看到了任正非，还纳闷为什么食堂大师傅也来开新员工大会，直到开场时任正非坐上主席台和大家打招呼"大家好，我是任正非"，金森林才知道原来他就是任正非。

任正非很低调也很朴实，他从来不认为自己是企业掌舵者就应该高高在上，就可以有各种高调奢侈的享受。2016年4月，一张任正非在机场排队等候出租车的照片火遍网络：73岁的任正非，衣着朴素，一手拖着行李，一手打着电话，深夜在机场中排队等候出租车。他就像是一个普通的老者，除非特殊情况，根本没人认为他会是一个大企业的老总。因为在人们的认知中，像任正非这种身份的人，都是豪车接送，数人随行陪同，即使是坐着私人飞机出行也并不奇怪。也就是这种认知差距，才让人们意识到任正非的低调朴实。

当任正非排队等候出租车的照片火遍网络时,刚开始,还有人认为任正非是为了华为上市而炒作,但事实上并不是。除了华为至今未上市可以证明之外,任正非的这种行为其实就是他的日常生活状态。如2016年2月,有人拍到任正非和普通员工一起在食堂排队打饭的场景;也有人拍到任正非深夜赶飞机,在机场独自拖着行李箱乘坐摆渡车。

对此,华为终端董事长余承东点评说:"过去20年,任总一个人打出租车是常事。昨天早晨我在酒店等他,他就是打出租车来的。他把自己的股票分给员工之后,又没有上市,不是大富翁,就无须保镖了。"

任正非的低调行为已经产生了模范效应,华为从上至下都注重杜绝企业的铺张浪费,这有效地提高了华为的运行效率。在任正非的影响下,华为人摈弃了浮躁,拒绝了诱惑,剔除了骄傲自满,让华为始终能按着最有利的方式运行。

天道酬勤,以奋斗者为本

有很多人问任正非"华为成功的秘密"。通常,任正非都会非常坚定地回答:"华为没有秘密,任何人都可以学,华为没有什么背景,没有什么依靠,也没有什么资源,唯有努力工作才可能获得机会。"也就是说,华为的成功是因为"努力",是因为"以奋斗者为本"的精神。正所谓"天道酬勤",只有努力奋斗才能有好的回报。

华为之所以将"奋斗者为本"作为企业精神之一,归根结底还是因为任正非。除了以身作则之外,任正非还为"奋斗"这个非常概念化的词语下过非常具体的执行定义。

奋斗是需要付出代价的，不是一个高大上的"口号"

自从任正非创立华为以来，华为一直都在践行"奋斗者为本"的企业精神，甚至创造出了独属于华为的"垫子文化"。早期，华为新员工在报到时都要先到总务室领一条毛巾被，一张床垫。这是为了午休的时候能够方便员工席地而卧，晚上加班时方便休息一会儿，然后醒了再继续奋斗。

张云飞，这个被任正非赞不绝口的"软件大师"，在华为工作的早年，他几乎天天工作，天天都在办公室。没人规定上下班时间，但每个人都加班到深夜。张云飞则要在大家都休息后，把每个人修改的代码再审查一遍，然后重新整合在一个版本里，再上机加载测试验证一遍后发布，结束时已是天明，张云飞才能草草地睡几个小时。长期的日夜颠倒与高强度工作，使他换上了重度失眠症。"奋斗"是要有代价的，不管是华为现任、离任的创始元老，他们都需要长期依赖安眠药才能入睡。也正是因为他们的"奋斗"，才有了如今的华为。

有一些学者提出我国要从"中国制造"走向"中国创造"，如果还在走老路，中国就会如何，等等，任正非对此发表了自己的看法，他认为这个转变的过程中是离不开"奋斗"的。他说："这些人忽略了创造是一个缓慢的过程，它所付出的心血是非常巨大的，而且是熬垮了多少公司才成功了少量的企业。华为20年的研发炼狱，只有我们自己和家人才能体会。这不是每周工作40小时就能完成的。华为初创时期，我每天工作16小时以上，自己没有房子，吃住都在办公室，从来没有节假日，想想这是十几万人20年的奋斗啊！不仅仅是在职员工，也包括离职员工的创造。怎么可能会在很短的时间，轻轻松松地就完成产业转换和产业升级呢？每周工作40小时，只能产生普通劳动者，不可能产生音乐家、舞蹈家、科学家、工程师、商人……"

要让员工的"奋斗"有回报

任正非说:"只要努力奋斗,普通员工也可以当'将军'。"任正非是一个很务实的人,他从不认为一个人会单单因为梦想而努力奋斗,连他自己也说过"40多岁下海创业,不是因为梦想,而是为了有口饭吃"。所以,他从不把"奋斗"当成一个促使员工免费为华为奋斗的工具,而是给了能奋斗的员工切切实实的回报。任正非推出了股权激励制度,只要是华为的"奋斗者"就能获得华为公司的股权。

任正非的无私也在这一点上体现得淋漓尽致。任正非自己只有1%的华为股权,其余股权全都用于鼓励华为的"奋斗者"们。一位华为老员工每年的股份分红就达到数百万元之多,远超其工资的数倍。曾有离职员工这样评论说:"在华为干活和创业一样的累,但是赚的钱比当老板还要多。"

奋斗的目标是以客户为中心

对于任正非来说,奋斗从来不只是一个"激励词语",它具有极强的目标性与指向性,他认为"华为的奋斗目标是以客户为中心",这一精神无一不体现在华为的日常工作中。

1994年,刚加入华为不到两年的李杰调任营销部,任正非就在大会上问他:"你们一年最多能跑多少个县?"李杰刚上任为了表现,在还未谨慎思考的情况下就回答"大概500个吧"。于是任正非就按500个县的指标让他们去开拓市场。于是,以李杰为首的十几个人,开着公司配的车奔赴中国各地的县邮电局,推广华为刚刚研发出来不久的局用交换机。每人跑四五十个县,在规定的时间内完成了指标要求,这在全球通信制造史上也是绝无仅有的事例。

| 任正非：哪有什么天生强人，有的只是强忍

    2007年8月，中国移动为转播奥运圣火采集的盛况，决定在珠穆朗玛峰海拔5200米和6500米处采用华为设备建立移动通信基站，并要求11月前完成。在珠穆朗玛峰这种极端恶劣的环境下，4个华为人加上1个司机做好了基础准备后就开始了在"世界屋脊"的艰难跋涉。在通信基站建立的整个过程中，头晕、头痛、连续流鼻血、失眠等各种高原反应时时困扰着他们。但是，经过奋战，他们还是完成了客户的要求。至此，珠穆朗玛峰全部登山营地和所有登山路线实现移动网络全覆盖，华为则创下了建设全球海拔最高的移动通信基站的纪录。

    日本"311大地震"引发海啸时，东京仍余震不断，在西方公司第一时间撤退时，只有华为坚守阵地，因为他们认为当时的日本需要他们。于是，一个让日本民众印象深刻的画面出现了："数万人从灾难中心撤离，华为的中方、日方员工却'逆向而行，向死而生'，从安全地带走进危险区，为了能为救灾提供最好的无线网络服务，他们义无反顾。"

    奋斗，以客户目标为导向。对这个定义，任正非论述道："什么叫奋斗？为客户创造价值的任何微小活动，以及在劳动的准备过程中，为充实提高自己而做的努力，均叫奋斗，否则，再苦再累也不叫奋斗。"

    华为的一位高管对任正非提出的这一点作出了更为详细的阐述："什么叫以客户为中心？不是成天向客户点头哈腰，而是忠实于网络的责任感，完成自己的本职工作。我们首先要充分感知客户的需求，在此基础上予以最大限度地满足。客户使用我们的设备建网络，我们理所当然地要及时、准确、优质、低成本地交付，并提供最好的服务。而当地震、战乱等极端事件发生时，我们只能与客户共渡难关，因为这时候网络最容易出问题。"

第七章 独特价值观让华为基业长青

华为人要变成一只"狼"

华为非常欣赏"狼"的个性,认为"狼"是企业学习的榜样,企业要有"狼性","狼性"永不过时。当然,华为"狼性文化"的打造还是因为任正非。

1997年,华为已经逐步稳定。但任正非发现华为有可能会溺死在这个稳定的环境里。因此,充满血性的任正非主持了一场会议。在会议上,任正非给众人讲述了一个"狼"与"狈"的故事,并要求员工拥有狼的血性及智慧,遇事时要会变通,要敢作敢为。为此,华为还推出了一个"狼狈组织"计划。任正非的"狼性文化"不仅成就了华为,更被无数企业学习并沿用,其中的成功者不在少数。任正非更是多次在公开场合表示"狼性文化"的必要性与好处,称其为"茶壶里煮饺子,倒不出来就不算是饺子"。

"狼性文化"是任正非打造企业文化的一个创举,在商业史上从未出现过,它给企业带来了一种带有野性的拼搏精神。没有显赫背景的华为就是凭借任正非赋予的这一点狼性,企业才站稳脚跟,打开了一扇新的世界的大门。任正非对"狼性文化"非常推崇,华为在"狼性文化"的打造上具体体现在以下几个方面。

打造狼的敏锐力

狼是一种有着敏锐嗅觉的动物,它在2000米外就可以捕捉到猎物的味道。任正非认为这一点正是企业应该具备的,和狼一样,企业也应该有

|任正非：哪有什么天生强人，有的只是强忍

捕捉商机的敏锐嗅觉。被赋予了"狼性文化"的华为能够准确地触摸产业的脉搏，并做出正确的战略判断，甚至还能像狼一样，对市场近于"血腥"的竞争能够提前预知。狼在寻找猎物的过程中，第一个瞄准的目标通常是自己熟悉的猎物。为了迅速锁定目标，它会不断地积累经验，通过不断观察来了解猎物。狼拥有犀利的目光，一旦发现猎物就绝不会让它在自己的眼前消失。

任正非身上自然也具备这一特点。在华为还在做产品代理时他就看到了通信市场潜藏的巨大商机，并毫不犹豫地花费一切代价抓住这个商机。

打造狼的反应力

狼的反应力极强，如此才能在发现猎物后迅速作出反应。在市场运行中，随时都会出现新情况，哪怕是微小的动态都会影响整个策略的实施。所以，具备"狼性文化"的华为在发现机遇或问题后能迅速应对，并向着有利于自己的目标快速前进，进而占领机遇带来的主战场，创造出一流业绩。摩托罗拉亚洲区总裁高瑞彬曾这样评价华为："用户总觉得华为的反应速度快，机房一有问题就能立刻解决。"

1996年，香港和记电信获得固定电话运营牌照时遇到了一个大麻烦：必须在3个月内完成所有移机不移号的工作。和记电信找了很多相关企业都无法在规定时间内完成，有能力者则开出了和记电信难以承受的价格。就在此时，华为进入了和记电信的视线。华为不负众望，在3个月时间内完成了任务，且收取的价格其性价比之高让和记电信老板李嘉诚决定与华为进行更深入的合作，比如转战海外市场。

打造狼的果断性

大自然的竞争是残酷的，狼的天敌有很多，食物又很有限，如果想活下去，在看到猎物时就必须果断出手，不能有丝毫让猎物逃脱的机会。

第七章 独特价值观让华为基业长青

华为成立之时，中国电信市场被跨国市场垄断，价格异常昂贵。华为要活下去，一直做代理是不现实的。因为在20世纪90年代，全球数字交换机的技术已经成熟，空分的模拟交换技术很快就要被淘汰，华为面临着生死抉择。在此种危机下，任正非果断地做了一个决策——自研新产品，要么置之死地而后生，要死也要死得轰轰烈烈。华为孤注一掷地把"宝"压在了C&C08S数字交换机上，自研新产品成功后，华为迎来了一个全新的时代。

打造狼的执行力

狼的体型与狗差不多，和狮子、老虎、熊之类的大型动物相比显得比较弱小，但是狼却成为了动物世界里的强悍者，即使是"兽中之王"的老虎也怕狼三分。狼之所以有这样的威慑力，就是因为它具有惊人的执行力。任正非认为华为缺的就是像狼一样的"执行力"，只有高执行力，华为才能走得更远。在华为发展的30多年时间里，华为获得了一次又一次的众多企业难以企及的成就，在这个过程中就没有出现过执行力低下、模糊的问题。

华为在埃塞尔比亚的开局可以证明华为已经完全吸收了任正非赋予的狼的高执行力文化。此次的基站是在一座近4000米的高山上。上山的路都是土路，要走三个小时才能到达目的地。基站上气温低、风力大，架设天线更是困难重重，但华为的员工依然在规定时间内圆满地完成了任务，不找任何借口去推迟基站的建设时间。

打造狼的协作力

狼很少单独行动，狼的可怕之处在于它的敏锐、狡黠、果断、高执行力，更在于它的高协作力。一只狼的力量始终是有限的，"兽中之王"的老虎怕的也不是一只狼，而是一群狼。它们有着高度的团队协作性，这才是它们一次又一次地抓住猎物最主要的原因。于是，任正非也把华为的团队打造成一支"狼团队"，他认为即使问题再大，只要有团队的力量，就能够解决。

1996年，张爱东从浙江大学毕业后就进入了华为，然后接到了继续 H 产品的 T12O 协议的研究任务。1998年，华为更是进入生死关头。任正非决定对 H 产品线进行重新调整，张爱东开始负责软件工作。为此，华为集中组建了一个精英团队开赴宁夏，集中作战，最终圆满地解决了问题，渡过这次难关。

任正非的"灰度"成就了华为的精彩

任正非在管理华为的过程中，其基本基调就是"灰度"。灰度即是任正非的世界观，是他的思维方式，也是其精英管理的基本假设、理念与哲学。我们都知道，企业家自身的特质必然会影响甚至决定企业的底蕴与特质。任正非的管理理念是灰色的，也决定了企业的文化色彩中带有一定程度的灰色。也正因为如此，华为不太吝惜羽毛，不在乎外界的评论，不管是浓墨重彩的称赞，还是写意描白的批评，都无法改变华为的灰色。纵观华为30多年的发展史与经营管理实践，都可以发现"灰度理论"是贯穿它的价值观与方法论。

什么是灰度理论？从本质上来看，灰度理论是正确反映客观世界与现实情况的思维模式。从字面意义上来理解，所谓灰度，既不是黑，也不是白；既不是对，也不是错；既不是好，也不是坏；而是一种不走极端的融合体。也就是说，灰度理论不是"非白即黑"的对立思维，也不是"白加黑"的并存思维，而是"黑白融合"的融合思维，反映了一种和合思想。任正非说过："在任何变革中，任何黑的、白的观点都容易鼓动人心，而我们恰恰不需要黑的或白的，我们需要的是灰色的观点，在黑白之间寻求平衡。"

任正非对"灰度"的理解

任正非的灰度理论集中体现在 2009 年 1 月 15 日发表的《开放、妥协与灰度》一文中，他在文章中说："越高领导人重要的素质是方向、节奏。他的水平就是合适的灰度。一个清晰方向，是在混沌中产生的，是从灰色中脱颖而出的，而方向是随时间与空间而变的，它常常又会变得不清晰。并不是非白即黑，非此即彼。合理地掌握合适的灰度，使各种影响发展的要素，在一段时间内和谐，这种和谐的过程叫妥协，这种和谐的结果叫灰度。没有妥协就没有灰度。妥协其实是非常务实、通权达变的丛林智慧，凡是人性丛林里的智者，都懂得在恰当时机接受别人妥协，或向别人提出妥协，毕竟人要生存，靠的是理性，而不是意气。"

对于灰度管理，任正非还强调了它不是中庸之道，而是指对立两端的调和与折中。任正非在《从"哲学"到实践》一文中讲道："中国长期受中庸之道的影响，虽然在要求稳定上有很大贡献，但也压抑了许多英雄人物的成长，使他们的个性不能充分发挥，形不成对社会的牵引和贡献，或者没有共性的个性对社会形成破坏……"此外，他还强调了一点，灰度的本质不是"妥协、宽容与开放"，这三点只是灰度的手段，千万不可一概而论。

体现任正非灰度理念的六个方面

任正非以灰度看待事物，具体体现在以下六个方面。

第一，人性复杂问题。人性是复杂的，既没有绝对的恶，也没有绝对的善，因此对人不要采取极端态度。任正非说："我们真正的干部政策是灰色一点，桥归桥，路归路，不要把功过搅在一起。不要疾恶如仇，黑白分明……干部有些想法或存在一些问题很正常，没有人没有问题。"如果说任正非是"人性大师"，那么他对人性的深刻洞察，无疑是基于灰度理论的。

第二，未来风险问题。面对未来不确定性问题时，既不要盲目乐观，更不要盲目悲观，可以采取如"以内部规则的确定性，应对外部环境的不确定性；以过程的确定性，应对结果的不确定性；以过去与当下的确定性，应对未来的不确定性"。

第三，企业关系问题。企业中存在着大量相互矛盾又相互制衡的关系，比如集权与扩权、团队合作与尊重个性、激励与约束，等等。这些关系对企业没有绝对的好处，也没有绝对的坏处，而是要根据主要矛盾与矛盾的主要方面，运用这些矛盾关系的力量推动企业的发展。

第四，干部培养问题。任正非认为："开放、妥协、灰度是华为文化的精髓，以及华为领导者的一个风范。只有干部放下了黑白是非，才有利于管理企业，处理好企业中存在的各种关系。"

第五，管理节奏问题。当企业方向大致确定后，领导力的关键就转变为对企业经营管理节奏的把握。面对企业中的各种问题时，该疾风骤雨时就要疾风骤雨，该和风细雨时就要和风细雨。

第六，商业环境问题。不过分抱怨外部商业环境的险恶，要用乐观主义的态度评价宏观层面的问题。例如，面对竞争对手，任正非从不认为双方是生死大敌，而是可以合作共赢的友商。

唯有惶者才能在冬日生存

在华为逐渐走在国内同行前列,以优异的营业收入保持高速发展时,任正非却意识到华为的危机即将来临。他发现,此时的华为人依旧处于华为成功的喜悦氛围中,对即将到来的危机毫无察觉。为了树立华为人的危机意识,2000年底,任正非执笔写下了《华为的冬天》一文,并就此基本奠定了华为的"自我批判与变革"的企业文化。

不过,在当时有很多人并不理解任正非的这一举动,任正非在发表相关文章时,还把旗下最赚钱的公司给卖了。而在2019年,我们确实看到了任正非的大智慧。在春天来临的时候,冬天其实就已经不远了;在成功的时候万不可骄傲自满,因为失败总有一天会来临。任正非说:"失败这一天是一定会到来,大家要准备迎接,这是我从不动摇的看法,这是历史规律。十年来我天天思考的都是失败,对成功视而不见,也没有什么荣誉感、自豪感,而是危机感。也许就是这个原因,华为才活到了现在。"其实,从华为长期的发展轨迹来看,这不是"也许",而是"肯定"。

华为历史上的几次"冬天"

华为从成立伊始,艰辛和危机就常伴左右。任正非注册华为的时候,正遭遇人生两大变故,一个是他因故离开了本可以给自己带来稳定生活的企业,另一个是美好的婚姻结束了。这两件事情加起来,就是我们常说的"事业婚姻两失意"。在这种情况下,任正非还要独自抚养儿女,承担起赡养老人的义务,还要照顾好6个弟弟妹妹。在当时,任正非手里只有3000元钱,在此种情境下成立华为,可以说任正非是背水一战,也时刻都在担心此次创业会不会失败,如果失败就真的是跌落深渊。所以,任正非的危机意识从成立华为起就开始存在的。成立华为之后,任正非更是经历了各种危机事件。

第一,《劳动合同法》带来的危机。《劳动合同法》的颁布,给民营企业带来了巨大压力,华为更是首当其冲。为了能继续生存,华为打响了被外界认为的"反对《劳动合同法》的第一枪"。因此,从深圳市到广东省甚至是高层领导都专门对此作出批示,要求清查华为。为了继续生存,危机的行动带来了更大的危机,如果是其他企业,可能会就此消失在公众的视野中,但是任正非带着华为咬牙坚持下来了。

第二,员工自杀带来的舆论危机。因特殊原因,有一个华为员工自杀了。因此外界骂华为是人间地狱,不停地压榨员工,才会导致员工自杀。这些负面新闻至今仍能在网上搜索到。一时间,华为的形象跌到了谷底,从"民族企业"成为"众矢之的"。

第三,竞争对手主要来自国外。有一年,竞争对手在春节前将华为告上法庭,欲置华为于死地。而华为高管在赴美应诉之前,任正非下达的"死命令"只有一句话:"要学韩信能忍胯下之辱,但是,你们要站着回来。"最终,华为并没有倒下,在重重的阻力之下,华为不但没有被竞争对手扼杀在摇篮中,反而成就了今天的崛起。

第四,千禧年的IT泡沫。千禧年,整个互联网迎来了泡沫,许多企业因此而倒下,华为也受到了严重的波及,一度出现了销售收入的负增长。整个销售的负增长带来的后果就是高管和员工的大量流失,还有技术的外传。更打击任正非的是,1999年,任正非父亲意外去世;2001年母亲也因车祸离世。所有事情都在同一个时间段发生，任正非即使再强大也无法承受，在巨大的压力之下，他的身体健康出现了严重的问题，身边的朋友一度以为他就要被打垮了。庆幸的是，任正非足够坚强，他挺过来了，成为了如今更好的自己。

不断"自驱"应对愈加寒冷的"冬天"

也就是因为这一次又一次的事业与人生的危机，让任正非对"危机"有了更深刻的理解。危机是不可能消失的，它藏在暗处，就等着你放松警惕，然后跳出来咬你一口。在这种情况下，只有自己随时做好应对危机的准备，才能继续活下去；正因如此，任正非建立了被各大企业学习的"自我批评与变革"的华为文化。

华为的"自我批评与变革"文化具体内容如下。

三个维度：历史的维度，从历史的角度知兴衰；现实的维度，从企业现状进行批判；未来的维度，以未来审视现实，以未来牵引现实，洞察未来变化。

三个体现：文本式的成果体现，如华为管理惰怠行为18条，改进工作作风的8条要求、16条军规、10大内耗、华为变革7个反对原则等，这些都是以文本形式体现的成果，是我们能看到的；制度性的成果体现，通过自我批判对制度进行改进、改良，对制度进行优化，如"五个一工程"、合理化建议制度等；活动成果体现，比如集体宣誓、民主生活会等。

三个对象：思想的自我批判，目的是统一思想，协同行动，构建假设；组织的自我批判，可以消除组织惰性、强化组织能力、提升组织效率；行为的自我批判，尤其是作为员工层或者干部层行为的一种自我批判，可以协调行为、激发潜力、持续赋能。任正非曾提出："没有正确的假设，就没有正确的方向；没有正确的方向，就没有正确的思想；没有正确的思想,就没有正确的理论;没有正确的理论,就不可能出来正确的战略。"

三种责任:这里说的责任主要是针对任正非本人的自我批判,分别是:作为个体的任正非的自我批判、作为公司领导的任正非的自我批判、对任正非所领导的华为的自我批判。企业家的自我批判是华为自我批判的驱动力,当企业家进行自我批判时,就为干部和员工的自我批判建立了标杆、树立了榜样;当企业家批判公司时,他为公司自我批判提供了方向和目标。

三个目标:任正非要求自我批判要达到以下三个目标,一是增强组织活力,为此要保持熵减,保持耗散,优化组织机体,持续管理进步;二是构建一支高素质、高境界、高度团结、长期奋斗、无坚不摧、攻无不克的铁血军团;三是干部和员工的成长,需要干部和员工能够自我约束、自我激励、自我修炼。

任正非说:"世界上只有那些善于自我批判的公司才能存活下来。"自我批判是任正非最重要的价值主张之一,他将自我批判作为拯救公司,让华为每年都能成功"过冬"的最重要行为。

关于建立自我批判的企业文化,任正非发表了一系列文章,从中可见他对此有多么重视。例如,1996年《反骄破满,在思想上艰苦奋斗》《再论反骄破满,在思想上艰苦奋斗》;1998年《在自我批判中进步》《一个人要有自我批判能力》;1999年《自我批判和反幼稚是公司持之以恒的方针》《自我批判触及灵魂才能顺应潮流》;2000年《为什么要自我批判》;2006年《在自我批判指导委员会座谈会上的讲话》;2007年《将军如果不知道自己错在哪里,就永远不会成为将军》;2008年《从泥坑里爬起来的人就是圣人》;2010年《开放、合作、自我批判,做容千万家的天下英雄》;2014年《自我批判,不断超越》《一杯咖啡吸收宇宙的能量》;2015年

《转发〈财经管理团队民主生活会纪要〉》《华为公司改进作风的八条要求（重申）》；2016年《前进的路上不会铺满了鲜花》《华为，可以炮轰，但勿捧杀》《不分国籍、不分人种、万众一心，用宽阔的胸怀拥抱世界、拥抱未来！》；2017年《在行政服务解决小鬼难缠工作进展汇报上的讲话》《要坚持真实，华为才能更充实》等。

对人才只要"关键的少数"

2000年1月28日在"市场部集体大辞职四周年颁奖典礼"上，任正非发表了《凤凰展翅，再创辉煌》的讲话。其中他说了这么一段话："如果有极少数的人能真正地'在烈火中烧'，并且能站起来，他们对于华为的影响将是无穷的。大家已经看到了我们高层领导的干部任职资格标准，知道了对高层干部的评价标准也发生了变化。如果没有市场部集体大辞职带来对华为公司文化的影响，我认为任何先进的管理、先进的体系在华为都无法生根。市场部集体大辞职是一场洗礼，他们留给我们所有人的就是一种自我批判精神。如果说四年前我们华为也有文化，那么这种文化是和风细雨式像春风一样温暖的文化，这个文化对我们每个人没有太大的作用。必须经过严寒酷暑的考验，我们的身体才是最健康的。因此，市场部集体大辞职实际上是在我们的员工中产生了一次灵魂的大革命，使自我批判得以展开。作为我个人也希望树立一批真真实实烧不死的鸟作凤凰。"

从这一段话讲话中可以得知任正非对人才的态度是要"关键的少数"。他认为："中高层干部是企业目标的组织者、推动者和落实者，是'关键少数'。""抓住了'关键的少数',才能引领'大多数'。"

那么,任正非是如何抓住"关键的少数"的呢?从他对外几次发表的文章与演讲中不难看出。

要求对的人才能上"战场"

什么样的员工才是任正非心中能上战场的"优秀人才"呢?

第一,"猛将必发于卒伍"。任正非认为基层员工远比上层人员更熟悉与精通战场的形势,也能发现市场的严峻性与发展走势,由这些人制定出来的方案更有好的效果。所以,华为的干部也要从基层选拔。在选拔的过程中他还强调:"坚持正确的干部选拔、使用、管理与培训机制,使我们的力量生生不息;坚持正确的干部管理与制衡机制,使我们的事业长盛不衰。"

第二,选拔干部要重大节。任正非认为只有能"艰苦奋斗"的人,不会只满足于眼前的小利益的人,才能成为华为的干部。对此任正非还发表过相当犀利的讲话:"公司有些人目光短浅,好不容易赚两个钱后就要移民加拿大,他没有志向,为什么要选他做干部?叫苦连天的干部也不要,美国情报委员会文件一出,少数人叫苦连天,说他的项目受影响,这么快影响了?怎么可能!这种贪生怕死、没用的胆小鬼,为什么要用他?"

第三,能实事求是,要坚持原则。唯唯诺诺、明哲保身的员工别说是干部,就连普通员工也必须清除出去。因为干部在公司范围内是起到一种导向作用的,正所谓"上梁不正下梁必歪"。对此,任正非建议:"我们也要从各级组织中选拔一些敢于坚持原则、善于坚持原则的员工;在行使弹劾、否决时,有成功经验的员工,再通过后备队的培养、筛选,走上各级管理岗位。""不敢承担责任、观察上级态度,是不成熟的表现。工作方法粗暴，是缺少能力的表现。我们在新一年中要逐步减少这类干部。"

选上后更要时时考核

对于人才，如果他是"关键的少数"，任正非还强调对其上岗后进行考核，一旦考核不过关就要下岗，职位再高，之前对公司的贡献再大，也要让给考核过关的、能力以及综合素质更强的人。

对"关键的少数"的考核，其内容大致包括以下四个方面。

第一，关键时刻的反应。有些干部在公司一旦出现问题时，就出现各种慌乱甚至捣乱的现象。这种干部是坚决不能要的。任正非在《关键时刻是考验各级干部的试金石》中说道："对于那些传播谣言、对公司失去信心、不能勇敢面对困难并感到恐慌的干部，不断对项目叫苦的干部要撤换下来。各级干部、主管应经得起考验，勇敢挑起大梁，带领员工齐心协力渡过难关。对于那些传播谣言、对公司失去信心、不能勇敢面对困难并感到恐慌的干部，不断对项目叫苦的干部，说明他们承担这个担子有困难，各级组织应积极帮助他们退出领导和关键岗位，尽快安排有能力的人接替，由能经得起考验的继任者担任工作。这是个关键时刻，是考验我们各级干部的试金石，我们相信绝大多数员工都会成为英雄的。"

第二，综合素质的考察。任正非要求干部的综合素质要高，具体表现在三个方面：一是干劲十足。对于干部的考核不能只看技能不看干劲，没有奋斗意志的人不能带兵。对于这一点，任正非无比重视，他说："一个干部如果没有干劲，缺少艰苦奋斗的精神，在遇到困难的时候容易第一个退却，容易卸担子，会对手下的员工造成严重的负面影响。"二是能力卓著。这个"能力"不是指"带兵之道"这些理论上的东西，而是指能够实战，并带回胜利果实。三是品德优秀。这不仅是指一般的高尚品行，同时还包括在关键时刻能够成就全局利益。任正非认为："企业领导人不是神仙，不可能时时、事事做到公平，所谓的绝对公平是做不到的。只要企业领导人是为了企业的目标真诚奋斗，这次不公平，下次也许就纠正过来了；也许几次不公平，终有一次是公平的。是金子总会发光的。"

第三，淘汰"茶壶饺子"。没有作为的干部比不干活的干部对企业更有破坏性。对于这种人无须留情面，直接裁掉。因为他们为了自己的生存还会设计一套牵制了五六个岗位效率的程序，负面影响绝不仅仅是他这个职位本身。此外，一些人做事一塌糊涂，却能对公司提出一些"美化"建议，借此来牺牲公司利益、笼络人心。对这种人也要直接淘汰。

第四，要以责任结果导向来考核干部。任正非认为只有以这种方式来考核干部才能公平公正。2002年6月7日，任正非宣布华为进入了"优胜劣汰"的"新时代"，并强调了三点：一是只裁掉落后的人，裁掉那些不努力工作的员工或不能胜任工作的员工；二是淘汰落后的员工是为了保护优秀的员工，为的是最大限度地激活整个组织活力；三是末位淘汰永远不要停止，只有不断淘汰不优秀的员工，才能把整个组织激活。

把干部培养成"关键的少数"

天才也是需要培养和锻炼的，没有人一出生就是完美的。华为的员工也不是一进入华为就是适合当华为干部的，也不是所有成为干部的人就能成为带领华为发展的"关键的少数"，"关键的少数"还需要后天的培养。

第一，让喜马拉雅的水汇入亚马孙河。推动队伍循环流动，让华为的各种优秀人员都在循环线上，这样才能确保华为"流水不腐"。华为必须要加强经验与思想的交流，加强重装旅、重大项目部、项目管理资源池等各种战略预备队的建设，利用循环流动对干部进行赋能，从而保证队伍能量的源源不断。2013年6月27日，任正非宣布新部门"片联"成立，对于什么是片联,他给出了这样的解释:"片联主管干部的循环流动……它不是一级串联组织,管一些不影响公司的流程运行;它在流程外,并联于流程运作,激活流程的流动。"也就是说,"片联"就是专门负责干部"循环流动"的赋能工作的。

第二,用一杯咖啡吸引宇宙能量。任正非说"高层干部要少干点活,多喝点咖啡",指的是干部不能"闭门造车,而是要多看看外面的世界,开阔视野"。随着华为业务的快速化及全球化的发展,干部需要用更开放和积极的心态去面对未来的世界。具有结构性思维能力的干部,才能够清楚明确地看到问题的本质并抓住工作的重点。所以,华为要多提供机会让干部去多喝点咖啡,以便能够吸引更多宇宙能量。

第三,给下属成为英雄的机会。每一位干部都要认真培养接班人,华为要持续生存并获得更高的增长,就要后继有人。所以,干部要帮助部下成为英雄,自己则做给英雄服务的领袖。任正非强调说:"一个干部如果不在思想上、教育上帮助接班人成长,就失去了他的责任。干部一定要起到传帮带的作用。作为一个领导,最重要的职责就是培养接班人,不培养接班人,就是对公司最大的不负责。"将这一要求整合出来,就是"一个领导的重要责任是无论何时、何地都要发现人才、推荐和培养人才、考核及督导人才,并对推荐人才的品德承担连带责任"。

| 任正非：哪有什么天生强人，有的只是强忍

华为的一切都是为了"客户"

2019年5月21日上午，任正非在深圳华为总部接受了两个半小时的媒体采访，除了一一回应当下的局势外，他还回答了华为的经营管理问题。记者问任正非："市面上流传很多华为管理的理论、方法甚至是管理秘籍，您认为华为存在管理秘籍吗？"任正非回答道："其实华为没有哲学，我本人也不学哲学，我认为华为所有的哲学就是以客户为中心，就是为客户创造价值。"当然，任正非这么说，我们不能就此认为华为没有管理哲学，其实，"一切为了客户，以客户为中心"本身就是华为的哲学。那么，我们该如何理解任正非提出的这一点呢？事实上，对于什么是"以客户为中心，要如何做"的问题，任正非在2010年就已经作了明确的说明。

技术再好，客户不需要就是不好

现在是"以客户为中心"的时代，更是"供大于需"的时代，产品技术再好，如果不是客户需要的，无法帮助客户解决痛点也是白搭。所以，企业要想继续发展，就要改变，要从"以技术为中心转移到以客户为中心"。

任正非说："在过去的20年，我们在通信领域的技术上占了很大的便宜，因为有人领路，阿尔卡特、爱立信、诺基亚、思科等都是我们的领路人。但现在华为走在了世界的前列，已经跑到领路人前面了，就得靠我们

自己来领路。领路其实是一个探索的过程。在这个过程中,因为对未来的不清晰,可能会付出极大的代价。但我们肯定可以找到方向的,找到照亮这个世界的路,这条路就是'以客户为中心',而不是'以技术为中心'。"

任正非是何时有这种想法的?其实,这也是他在研发过程中发现的。因为在研发体系中工作的大多数都是工程师,他们都渴望把技术做好,并认为把技术做好才能够体现自己的价值。但是任正非发现了这样一种现象:一些简简单单地就做出来的产品,在研发部门的评价很低,但在市场上评价很高;反之,研发部门用了极为困难的技术,极为复杂的工序,投入了极高的成本所做出来的产品,虽然自己非常满意,但是在市场上评价并不高。当这种现象越来越频繁地出现后,任正非认为企业以"客户为中心"的时代来了,华为必须做出改变。

任正非强调:"这个世界需要的不一定是多么先进的技术,而是真正满足客户需求的产品和服务,而且客户需求中大多是最简单的功能。"

为了客户要不断加大对平台的投入

任正非认为:"客户需要的是一个综合解决方案,它可以是华为做得好的东西,也可以包括华为从外面买进来的东西,只要满足其需求。"针对这一需求,华为提出了三种解决方案:一是运营解决方案,这是强项,华为具有极强的竞争力,可以充分满足;二是企业解决方案,也是华为的强项之一;三是消费者解决方案,华为是这方面的后来者,更是被逼做起来的,所以需要加强该方案的实力。而这就需要加大对平台的投入,只有平台实力雄厚,各种解决方案才更有竞争力,这样一来,不管是客户什么样的需求都能够得到满足。

对此,任正非还强调:"我希望把深圳建成一个平台研发机构,而把一些产品研发机构迁到研究所去。我们一定要在平台建设上有更多的前瞻性，以取得长期的胜利。但研发现在对平台的投入还不足，投入不足的原因是我们的管理水平有限，不知道往哪里投钱，如果我们不能把钱用在刀刃上，说明我们管理者没本事。"

为了客户进行开放合作，实现多方共赢

任正非认为强者都是在均衡中产生的。华为可以在一定的时间里做到世界无敌，但是如果一个朋友都没有，华为显然是无法继续维持下去的。所以，只有把大家团结起来，与强者合作，甚至与竞争对手合作，华为才能继续生存下去，才能为客户提供更好的解决方案。

在合作的过程中，任正非做出了一个明确的指示："华为跟别人合作，不能做'黑寡妇'。如果只想着自己的利益，合作后就甩开对方，或者直接吃掉对方作为自己孵化幼蜘蛛的营养，那么其他企业不是'傻子'，不会看不出来，也不会选择与华为合作。华为要寻找更好的合作模式，实现共赢。比如国家给华为的研究经费，华为不能不拿，但是拿了后可以分给其他需要的公司一部分，让恨华为的人变成爱华为的人。"

可能有人会问："与客户也要合作吗？客户把属于华为的钱拿走了，两者属于对立的关系吧？"对此，任正非表示："我们一定要理解'深淘滩，低作堰'中还有个低作堰。我们不要太多钱，只留着必要的利润，只要利润能保证我们生存下去。把多的钱让出去，让给客户，让给合作伙伴，让给竞争对手，这样我们才会越来越强大，这就是'深淘滩，低作堰'，大家一定要理解这句话。这样大家的生活都有保障，就永远不会死亡。"

第八章

无惧美国，带领中国5G走向世界

|任正非：哪有什么天生强人，有的只是强忍

让华为面临美国打压的5G到底是什么

2018—2019年，是华为的冬天，也是任正非的冬天。女儿被无理拘押，华为面临美国举全国之力的打压。特朗普以国家安全为由，要求美国以及使用美国技术的企业不得向华为供货，其中包括谷歌、微软、高通等全球领先企业，这些企业在一定程度上扼住了华为的命脉。为什么美国政府要全力打压华为？其实就是因为"5G"。为什么一个"小小的5G"让美国如临大敌？它到底是一种怎样强大的"生物"？

5G网络（5th generation mobile networks 或 5th generation wireless systems，缩写为5G），即第五代移动通信网络，是最新一代蜂窝移动通信技术。5G与4G相比，具有"超高速率、超低延时、超大连接"的技术特点，不仅能进一步提升用户的网络体验，为移动端带来更快的传输速度，同时还将满足未来万物互联的应用需求，让万物拥有再连接的能力。

迭代：1G→2G→3G→4G→5G

在5G出现前，移动通信技术已经经历了1G、2G、3G、4G的迭代，每一次迭代都对人类的通信方式产生了极大的改变。

20世纪70年代末至80年代间，以模拟技术为基础的蜂窝无线电话系统1G网络诞生，声音通过未加密的无线电波传播就可以在通话设备中进行对话。但是1G网络存在语音品质低、信号不稳定、覆盖不够广、串号盗号等问题。

1995年，以数字语音传输技术为核心的2G网络正式面世。2G网络对1G网络的弱点进行了全面升级，对呼叫加密，除了语音质量提高、信号稳定性强、覆盖面扩大、串号盗号问题较少之外，还能够有效地利用无线频谱，提供与拨号互联网的数据传输。随着2G网络的出现，移动多媒体音视频服务也随之出现，比如彩信、手机报、壁纸、铃声下载等。

21世纪初，3G网络正式出现，它的出现把2G时代的48KB/S（KB/S即每秒多少千字节）一下子提高到523KB/S，实现了质的飞跃。3G网络的到来也带来了移动宽带，真正引领了一场智能手机的革命，让人们的生活方式也随之发生改变。

3G网络推出后，只用了短短的4年时间，4G网络就出现了。4G网络的出现带给人们的下载速度的提升，更让智能手机成了人们生活中必不可少的用品。视频直播、移动支付、外卖、打车、社交通信等各种与人们生活息息相关的手机软件，都是4G时代的产物。

2018年，是5G的试点年，5G这个能改变社会的新移动产物开始出现。2019年是5G元年，出现了不少5G应用案例。在"两会"期间，两会新闻中心实现了5G网络全覆盖。随着2019年6月6日工业和信息化部正式向中国电信、中国移动、中国联通、中国广电发放了5G商用牌照，各大运营商也在中国各个城市启动5G网络规模试验。而代表中国乃至世界5G先进技术的华为，也收到来自各个国家的百亿元5G建设大单。

5G的三大场景

国际电信联盟（ITU）曾定义5G的三大应用场景：一是增强型移动宽带eMBB；二是超高可靠与低时延通信uRLLC；三是海量机器类通信mMTC。

增强型移动宽带eMBB围绕人的应用场景，集中表现为超高的传输数据速率，广覆盖下的移动性保证，视频是其主要业务形态。在 5G 技术下用户可以无障碍地享受在线 2K/4K 视频以及 VR（虚拟现实技术）/AR（增强现实技术）视频，用户体验速度可达到 1Gbps（交换带宽），峰值速度达到 10Gbps。

超高可靠与低时延通信 uRLLC 的连接时延达到毫秒（ms）级别，支持 500KM/H 高速移动情况下的高达 99.9999% 可靠性连接。车联网、工业控制、远程医疗是其主要业务形态。

海量机器类通信 mMTC 也就是万物智联，越来越多的设备接入物联网，机器间传播将快速崛起。它是"物联网"和"万物互联"场景中将被使用的网络类型，主要针对大规模物联网业务，能够满足深度覆盖、超高密度、超低能耗等要求，比如智慧交通、智能家居、智慧城市、环境监测、智能农业、森林防火等以传感和数据采集为目标的应用场景。

5G 的六大基本特点

5G 的特点可概括为以下六个方面。

一是超高速度。5G 的基站峰值要求不低于 20Gb/s（Gb/s 是数据传输速率），在这样的网络速度下，意味着用户每秒钟可以下载一部高清电影。这种高速度给对速度有更高要求的行业提供了更多可能和机会，比如 VR 视频、直播，等等。

二是泛在网。泛在网有两大含义：其一是广泛覆盖。社会生活的各个地方需要广覆盖，比如对高山峡谷进行 5G 覆盖后，就可以大量部署传感器，进行环境、空气质量甚至地貌变化、地震的监测。其二是纵深覆盖。虽然我们已经有了 4G 网络部署，还需要进行更高品质的深度覆盖。比如卫生间、地下停车库这种在 4G 网络无法覆盖的地方，5G 都可以进行有效覆盖。

三是低耗能。5G 要实现大规模物联网应用，就必须具备低耗能这一特点。低功耗可以让智能穿戴产品获得跳跃式发展。比如一些电子产品经常面临高耗能而缺电的情况，而 5G 网络的低功耗可以有效解决这个问题。

四是低时延。5G 的一个新场景是无人驾驶、工业自动化的高可靠连接。5G 对于时延的最低要求是 1 毫秒，未来甚至更低。无人驾驶行业或是工业自动化行业，都属于高速运行的行业，它需要在高速中保证信息的及时传递和快速反应，因而对时延有着极高的要求。

五是连接万物。5G 时代，终端不是按人进行定义的。每个人、每个家庭都需要无数终端。2018 年中国移动终端用户达到 14 亿，其中以手机为主。通信业对 5G 的愿景是每一平方米可以支持 100 多万个移动终端，未来人们生活中的每一个产品，都可能通过 5G 进入网络。

六是安全重构。5G 的目标之一是建立智能互联网，而这不仅要实现信息传输，还要建立起一个社会和生活的新机制与新体系，"安全"是 5G 的第一位要求。如果 5G 不能重构安全体系，那么 5G 就很难被大众所接受。

5G 在十大行业与领域的应用

应用一：VR/AR，是感知交互、渲染处理、网络传输和内容制作等新一代信息技术相互融合的产物。5G 的超宽带高速传输能力可以解决 VR/AR 渲染能力不足、互动体验不强与终端移动性差等问题。华为于 2018 年在上海发布了全球首款基于云的 VR 连接服务。

应用二：超高清视频，被认为将是 5G 网络最早实现商用的核心场景之一，其典型特征是大数据、高速度。5G 网络良好的承载力可以满足其视频传输速率达到 12-40Mbps、48-160Mbps 的条件。

应用三：制造业。5G 技术可以帮助制造企业，令其生产操作变得更加灵活高效,提高安全性的同时还能降低维护成本。比如,制造商可以通过5G移动网络远程控制,监控和重新配置生产设备,使设备通过自我优化来简化生产,从而提高生产速度和质量。

应用四:能源与公用事业。5G可为能源生产、传输、分配及使用带来新的解决方案。比如可以通过低成本联网,集成许多未连接的耗能设备,从而改善电网监测并使预测能源需求更加准确;还可延长电池使用寿命,使用寿命甚至长达10年,这就使得物联网传感器的大规模部署成为可能。

应用五:车联网。在5G技术下,可实现"人—车—路—云"一体化协同,车联网体系将更加灵活便捷,可实现车内、车际、车载互联网之间的信息互动。华为与测量仪器制造商罗德与施瓦茨公司合作,在德国慕尼黑和中国上海对5G V2X无线电技术进行现场测试,用于移动汽车现场测试中的协同驾驶应用,为5G应用于远程自动驾驶控制做了准备。

应用六:无人机。5G网络可帮助无人机实现超高清视频传输(50Mbps至150Mbps)、低时延控制(10ms至20ms)、远程联网协作(100kbps)和自主飞行(500ms)等功能,还可以实现无人机设备的监视管理、航线规范、效率提升。这使无人机在农药喷洒、森林防火、大气取样、地理测绘、演艺直播、消费娱乐等各个领域获得巨大发展。

应用七:医疗。在医疗系统中,诸如详细的患者信息、临床研究,以及高分辨率的MRI(磁共振成像)和CT图像,都需要更快、更高效的网络来跟上它处理大量数据。此外,5G还能更好地支持连续监测和感官处理装置,这让对患者情况进行持续监测成为可能,从而大大提高预防性护理的效果。

应用八:金融服务。5G带来的安全性和速度的提高可以让用户在设备上实现即时支付交易,从而极大提高支付速度。5G联网允许智能可穿戴设备与金融服务共享生物识别数据,以便立即准确地验证用户身份,可有效减少生物特征认证中的错误率。

应用九:智慧城市。5G可以主动而不是被动地应对城市居民需求,但要打造智慧城市,政府不仅需要感知城市脉搏的数据传感器,还需要用于监控交通流量和社区安全的视频摄像头。在5G的帮助下,智慧城市的视频监控就能更加高效准确。

应用十:农业。新农业都在使用物联网技术以优化农业生产过程,比如播种杀虫、牲畜安全与成熟度监测等,5G技术可以促进物联网设备的采用和使用的便捷性与有效性。5G技术还可为农民提供实时数据,以监控、跟踪和自动化他们的农业系统,从而达到提高利润、效率、安全性的目的。

值得一提的是,随着5G技术的进一步发展,其应用行业与领域已经不限于上述十个方面,还可以应用在零售业、媒体与娱乐领域、物流领域,以及餐饮、旅游、军事等方方面面。

5G技术领先全球,华为遭受美国打压

在一次面对德国媒体的采访中,任正非表示:"应用5G后,美国可能会成为落后国家。"实际上,5G技术并不是华为独有,高通、三星、英特尔都能独立生产5G技术,而高通与英特尔还是美国公司,为什么美国还要这么忌惮华为呢?这在任正非看来原因很简单,就是"华为的5G技术超越了美国,而且美国在一两年内很难追赶上华为,华为的5G技术走在

了行业的最前沿"。事实上确实是如此。

2018年12月,华为轮值董事梁华就表示:"华为5G技术成熟度领先其他公司12个月到18个月。"任正非早前在接受采访时也表示过:"前两天我对西方记者特意讲的,全世界把5G做得最好的是华为,全世界把微波做得最好的是华为,全世界做5G的只有几家公司,全世界做微波的只有几家公司。只有华为一家公司把微波和5G都做得最好。"

华为在5G方面的领先,具体表现在以下几个方面。

具备最佳5G解决方案和全生命周期服务能力

华为具有全场景端对端的最佳解决方案和5G全生命周期服务能力,这是华为5G实力的绝对领先优势所在。

2019年世界移动通信大会上,华为展示了端对点5G系列产品和解决方案,包含5G极简站点、5G综合承载、5G云化核心网、5G极简运维等内容,同时也展示了5G背后的核心技术,如射频、光、IP与IT等,充分显示了华为在5G研发领域的强大实力。

华为在端对端技术的领先也体现在芯片上:全球首款5G基站核心芯片是华为天罡;华为的5G终端芯片是巴龙5000。

在市场反馈方面,华为的端对端5G解决方案领先竞争对手一年多,已经有以沃达丰为代表的多家欧洲运营商宣布使用华为5G商用。在商业合作上,华为同样处于领先地位,在全球签订了30多个5G商用合同,发货4万多个5G基站,持有2570多项5G专利,核心标准提案数3045项,华为是当之无愧的全球行业第一。

华为5G技术的领先在于简捷

"极简"是任正非对5G站点和运维的形容词。这个词除了包含低成本的投入与高效率的部署之外,还包含华为5G能够针对不同场景推出具有针对性的产品，能更直接有效地解决合作方的需求。只有具备"极简"气质的华为5G，才是大家有得用、用得起、用得好的5G。"迅捷"则体现在速度上，华为5G网络将提供极致的用户体验，5G网络容量比4G网络高出1000倍，峰值速率将达到10Gbs，比4G快100倍，3秒钟就能下载完一部电影。

具体而言，华为的5G技术比起其他企业的5G技术更简捷地面向三类大场景。

第一，偏远地区设置5G网络更简捷。因偏远地区人口少、居住分散、基础设施差等问题，传统铁塔宏站站点建网成本较高。为解决这些问题华为推出了能直接面向偏远地区的精简版的RuralStar Lite解决方案。该方案有"免机柜、免地基、免围栏"三大特点，可以有效降低基站建设成本，提高网络部署速度。

第二，市内场景与热点地区应用更简捷。5G商用应用的最佳场所就是人流密集的室内区域。如上海虹桥火车站，在春运期间，单日客流量突破33万人次，是5G商用的最佳场所，因此上海虹桥火车站成为全球首个开启5G室内数字系统建设的火车站。2019年春节假期7天，全移动互联网总流量195.7万TB。5G虽然比4G的频率更高，单个点位的覆盖范围更广，华为的5G方案却可以做到"线不动，点不增"。

第三，家庭和企业用户使用更简捷。在2019世界移动通信大会上，华为发布首款双模5G商用终端华为5GCEPPro，这是一款可以把移动信号转化为Wi-Fi的家庭上网设备，这款产品的发布标志着华为5G消费类终端设备已经成熟。在这款设备下，用户能够获得超光纤宽带体验，如"3秒钟可以缓存一部超清电影"。

对此，任正非在2019年1月接受采访时也发表过相关的讲话，他说：

| 任正非：哪有什么天生强人，有的只是强忍

"当我们把 5G 和微波做在一起的时候，我们不需要光纤就可以回传……把 5G 和微波结合在一起的时候提供的是超宽带。西方实际上就是高等的大农村，因为是大规模的别墅群，他们每家每户铺光纤进去成本很高，这个时候他想看 8K 的电视怎么办？我们小基站一装，方圆这一片就可以看了，这个在全世界只有华为能做到。"

当然，华为 5G 技术的领先绝不是任正非或者华为在自说自话，数据分析公司 Global Data 发布的《5GRAN：Competitive Landscape Assessment》的报告表示：在华为、爱立信、诺基亚、三星和中兴五大拥有 5G 技术的企业中，华为的产品能力整体最强、基带容量最大、射频产品覆盖频谱最多、体积小重量轻，能够满足合作方各种场景；而在技术演进方面，华为的产品硬件 ready 可以向 5G 平滑演进，这使得运营商可以实现投资成本最小化。

5G手机面世彰显华为技术的强大

对于大众而言，5G 好像就是一个高科技专业名词，离自己很遥远，虽然知道它很强大，但不知道它强大在哪里。5G 手机则是人们了解 5G 最简单的渠道，所以对于 5G 手机的推出，大众也是充满非常期待。在众多能推出 5G 手机的企业中，华为的 5G 手机无疑是最受期待的。2019 年 6 月 25 日，工信部颁发的国内首张 5G 终端电信设备进网许可证被华为 5G 双模手机 MATE20 获得，许可证编号为 001。这一举措意味着华为 5G 手机正式进入了中国消费者的视野。

巴龙5000让华为5G手机真正"高人一等"

华为5G手机受关注的原因之一,就是它拥有巴龙5000芯片,这是世界上首款批量生产的5G单芯片多模终端芯,所以华为5G手机也是当前唯一一款支持双卡的5G手机(支持一张5G、一张4G),而其他5G芯片平台都不支持双卡。

具体来说,巴龙5000芯片具备以下两大优势。

第一,率先支持两种5G组网架构。5G网络时代马上就要来临,世界各国的运营商将根据自己的用户与现有的网络频谱条件使用不同的5G组网方式,包括独立组网(Standalone,缩写为SA)和非独立组网(Non Standalone,缩写为NSA)。其中,独立组网指的是新建一个现有的网络,包括新基站、回程链路以及核心网;非独立组网指的是使用现有的4G基础设施,进行5G网络的部署。巴龙5000芯片是首个也是唯一一个能支持SA与NSA两种组网方式的芯片,同时还在业界首次实现了支持NRTDD与FDD全频谱,对全球5G网络可以做到完全适配。此外,该芯片搭载在手机上,可通过软件支持SA和NSA的顺利升级,无须更换新手机。

第二,5G速率世界第一。在5G的Sub-6GHz频段下,巴龙5000的峰值下载速率达到了4.6G/秒,在毫米波段下的峰值下载速度更快,最高能达到6.5G/秒,比4G网络速度约快了10倍,远超目前的光纤宽带速度。

华为是世界上仅有的三家能够独立开发智能终端处理器的手机制造商之一。其他两家是苹果和三星。这两个品牌也是世界上著名的手机品牌生产商。但是,苹果和三星没有5G单芯片多模终端芯片,就这一点来说,华为5G手机获得了压倒性的胜利。

除了巴龙5000芯片,华为在5G手机方面的优势还表现在其他方面,具体如下。

第一，折叠屏。为什么华为要设计具备折叠屏的 5G 手机，因为在不同场景下人们对手机的使用需求不同。比如通勤时看重轻薄便捷，办公娱乐时则希望大屏幕。为了能让用户更好地体验 5G 手机，华为设计了一个基于柔性屏的外折方案，可以有效地进行双屏交互。折叠屏技术是许多手机厂商不具备的，这也正是华为 5G 手机的一个优势所在。

第二，安全防范升级，隐私保护优化。安全性是人们对 5G 手机的最大顾虑，为了打消人们的这个顾虑，华为对 5G 手机的安全防范进行升级，对隐私保护进行优化。具体表现在两个方面：一是对用户身份信息进行加密。在 5G 网络之前，用户身份信息极易被泄露，但是在华为 5G 手机中，用户身份信息可以通过加密形式发送，在防止被攻击的同时，还能防止身份被复制。二是打造完整的保护机制。在 5G 之前，通信商或手机商是无法为用户与网络之间的通信提供完整性保护的，因此，攻击者仍然可以随意篡改通信内容，但华为的 5G 技术可以支持用户面的完整性保护机制，从而有效避免此类篡改攻击。

5G 手机的背后是华为对研发创新的重视

实际上，华为并不是做手机起家的。华为在手机行业完全属于后来者，刚开始时根本无法与苹果、三星等抗衡。但是，随着 5G 技术的到来，占据 5G 技术制高点的华为有可能在手机市场获得压倒性的胜利。事实上，华为后来者居上的背后所彰显的是华为的实力，更重要的是华为的重研发、重创新的精神。

2018 年华为的营收为 7212 亿元，但是投入超过 1000 亿元用于研发；联想 2018 年营收为 3351 亿人民币，但是从 2013 年到 2017 年投入研发的费用一共不到百亿元。通过这两个简单的数据对比，就可以看出华为对研发、对创新的重视程度。对于研发创新的投入程度，没有一家企业比得过华为。在欧盟发布的《2017年欧盟产业研发投入排行榜》中，在研发投入排名前50的企业中，只有一家中国企业上榜，这家中国企业就是华为，其总投入800亿元，处于全球第6位，远超苹果公司。

对研发的注重是华为成功的主要原因之一，而华为之所以这么重视研发，是任正非的远见卓识。任正非一直强调"自立自强"精神，这种精神在企业运营中更为明显。任正非认为，靠别人不如靠自己，靠自己能赚得更多，靠别人很可能让自己垮掉，而且利润终究也是有限的。自主研发产品就是任正非"自立自强"精神的最佳体现。

在华为还在代理电话交换机时，任正非就开始走"自立自强"之路，决定自己研发交换机。行业人都清楚自主研发的风险性，所以没有人理解任正非为什么放着轻而易得的钱不赚，而去做可能把自己"搞死"的科研。对此，任正非有着自己的坚持，他认为："外国人到中国是为赚钱来的，他们不会把核心技术教给中国人，而企业最核心的竞争力其实就是技术。"在研发的过程中，任正非甚至说出了"如果研发不成功，我就跳楼"的誓言，足见他对自主研发的重视程度。终于，华为研发出了C&C08万门机，横扫中国电信市场，1994年一年的销售就达到8亿元。

自此之后，任正非每年都会让华为拿出销售收入的10%作为研发投入，这也是华为一直能走在IT领域、成为5G全球领先企业的最主要原因。

| 任正非：哪有什么天生强人，有的只是强忍

全球50个订单，位居全球第一

美国打压华为时，不仅美国本土企业切断了与华为的合作，一些与美国关系密切的国家也相继拒绝华为，甚至原先谈好的5G订单都被撕毁了。可是，即使面对这种情景，任正非也毫不怯弱。任正非的坚韧品质也赋予了华为坚韧不拔的品质。

任正非带领华为能够发展到今天可谓九死一生，他经历了许多不为人知的艰难时刻：爱将背叛、亲人离世、国际官司、IT泡沫、身患抑郁症、两次在癌症手术上经历生死徘徊……致命危机接踵而至，但任正非都挺过来了。所谓"逆境造就强者"，是因为强者能够在逆境中磨炼出坚韧的品质。中国历史上的英雄豪杰无不曾身处深渊，但深渊的痛苦也无不磨炼出了他们的坚韧品质，最终让他们成就了伟大的事业。任正非曾在内部讲话中说过"身在黑暗，心怀光明，梦想不灭，努力前行"的话，这段话恰恰是对任正非及华为坚韧品质的最好诠释。所以，即使此次面对美国的全力打压，任正非与华为也毫无畏惧，越是逆境越迎难而上。

有消息显示，2019年6月26日，在上海召开的世界移动通信大会上，华为再次刷新订单数，达到50个，重回世界第一宝座！

重回第一的背后竞争惨烈

2019年5月29日，爱立信和诺基亚分别宣布，软银已经选择他们作为新一代的无线网络供应商，爱立信获得18份"替换"合约。仅仅过了4

天时间，诺基亚官网发布的数据显示已经与全球运营商签订了42项5G商业合同，超过华为此前公布的数据，排名第一。

虽然华为被竞争对手被人拉下第一的宝座。但华为用过硬的5G品质，让诺基亚与爱立信的好景成了"烟花"，一闪即逝。

过硬品质让各国无惧美国压力继续选择华为

即使美国让欧美各个国家放弃华为，但是华为5G过硬的品质以及华为品牌的良好形象，使得有些国家出于对本国国家利益的考虑，还是选择了华为。这些国家包括西班牙、英国、瑞士、芬兰等。

2019年6月15日凌晨1点，西班牙沃达丰团队成员在社交媒体发出5G邀请信："我们希望从今天开始，您是第一批享受西班牙5G技术的人之一。享受沃达丰5G，这是有史以来最低延时、最快速的网络。"华为正式成为西班牙5G技术的核心供应商。

根据西班牙《世界报》报道，西班牙率先开通5G的城市包括马德里、巴萨罗那、瓦伦西亚、塞维利亚等。报道还称，沃达丰在西班牙部署5G网络时，瑞典电信设备制造商爱立信的贡献非常小，华为还是主要的设备供应商。

根据新华社的报道：华为西班牙公司首席执行官金咏在2019年5月29日表示，尽管美国政府发布针对华为的禁令，但华为在西班牙的绝大多数合作伙伴在这个困难时期都选择与华为"并肩作战"，华为参与西班牙5G网络建设不会受到美国禁令的影响，"近日发生的这一切不会削弱华为在5G领域的竞争力和影响力"。金咏进一步指出，美方针对华为网络安全性的指控仅仅是一个"借口"，"我们是世界上经过最多审核的公司之一，在我们的技术中没有发现任何问题"。

西班牙为什么能无惧美国压力，这么坚定地选择华为？对此西班牙电

> 任正非：哪有什么天生强人，有的只是强忍

信公司（Telefonica）的主席阿尔瓦雷斯-帕莱特在接受媒体采访时曾说过选择华为的两个原因：第一，对欧洲来说，封锁华为意味着将失去加快5G部署的可能性，因为华为的5G在设备和标准上领先了其他5G供应商12个月到18个月；第二，如果把三个供应商减少为两个，竞争者减少，售价可能会被提高，选择性越少，消费者就越被动。所以，选择供应商应该秉持中立原则。

国内鼎力支持，为华为助力

除了其他国家的支持，国内各大运营商更是表现出了与华为同仇敌忾之情，不管是从情感上，还是出于利益的考量，他们都认为与华为合作是最好的选择。与华为合作的中国运营商中，中国移动、中国电信、中国联通都赫然在列。

2019年7月，中国移动公布的《2019年核心网支持5G NSA功能升级改造设备集中采购单—来源采购信息公告》中显示：中国移动采购的1331套设备中，华为拿到52%份额，爱立信34%、诺基亚10%、中兴4%。华为为主要供应商。

根据中国移动采购与招标网显示："中国移动本次集采需升级现网450套MME设备支持双链接、承载迁移、流量上报及安全等功能，升级现网681套SAE-GW设备支持流量上报等功能，并对现有EPC核心网SAE-GW设备补偿流量处理硬件。在MME设备招标上，华为、中兴、爱立信和诺基亚的中标数量分别为219、22、153和56套；在SAE-GW设备上，华为、中兴、爱立信和诺基亚的中标数量分别为369、21、231和60套。"

任正非的华为5G战略布局

任正非一直是个很有"野心"的人,他从来不会满足于眼前的成就,因为他认为要居安思危,要有"要做就要做第一,永远保持领先地位"的决心,而这个"第一"的思想能促进自己不断地进步,站在世界的最前列。因为只有永远的第一、永远的领先才是安全的。他的这个思想在5G战略布局上体现得淋漓尽致。

攻上"上甘岭",实现全面领先

任正非在上海研究所5G业务汇报会上发表的讲话,反映了他对华为5G战略的布局。这次讲话大体可总结为以下四点内容。

一是分清"领先"与"领导"的差别。在会议上,任正非的讲话开篇就强调了"领先"与"领导"的差别。他指出,领导的含义是要建立规则,建立共同胜利的标准;领先的含义就是在技术、商业模式、质量及服务成本、财经等方面的领先。如果我们的产品足够优秀,自然就能为世界上绝大多数的运营商提供服务,如此,我们就能掌握主动权。所以,在5G问题上,我们一定要下定决心做到战略领先。这个领先,大致体现在以下三个方面:第一,先从5GSA(即5G独立组网)做起,要做到网络架构极简、交易架构极简、网络极安全、隐私保护极可靠、能耗极低,全面实现领先;第二,对未来的研究,我们要多路径、多梯次、多场景,构筑我们胜利的基础;第三,5G的市场选择要有集中度,5G的战略预备队要一体化打通,"四组一队"攻上"上甘岭"。

二是抓住优势攻上"上甘岭"。任正非表示,5G率先突破了大宽带、多天线关键技术,已经获得了"先发制人"的优势。我们要利用这一优势以及制式换代的关键时间窗,优化全球格局。"华为要坚持多路径、多梯次、多场景化的研发路线,攻上'上甘岭',实现5G战略领先。"

三是要实行"田忌赛马"。任正非在会上发表讲话说:"我认为我们要搞'田忌赛马',我们的客户群是以国家客户为基础,集中优势兵力到优质客户。这就是'田忌赛马',5G市场具备集中度这一特质。我们要主动提高服务质量、改善价值体系以及后备队伍的培养。"

四是5G胜则华为胜,5G死则华为死。任正非在会上还强调了一点:"我再次强调,我们5G就是争夺'上甘岭',就是世界高地。5G这一战关系着公司的生死存亡,所以我们一定要在这场'战争'中不惜代价赢得胜利。攻上'上甘岭',要靠你们。"

在网、端、芯上成为世界领先者和5G推动者

在2018年的西班牙巴塞罗那世界移动通信大会上,5G是最大的热点,而最受人关注的则是华为在5G上的端对端布局。任正非认为:"如果以网络时代的递进来说明华为与国际巨头的关系,那么在3G时代华为是跟随者,4G时代是双方持平,5G时代则是华为绝对的领先。这种领先包含网络、终端、芯片等各个方面。"

在网络方面,华为从核心网到传输、站点都走在了世界的最前沿。如华为的站点能够涵盖从毫米波到C波段到3G以下的全部频段,同时还包含了塔站、杆站及小站的全部站点形态。此外,在技术方面,华为的组网架构、频谱使用、空口技术、原型机实现与外场验证等方面均有突破性进展,华为在5G试验网上的表现远高于3GPP(制定移动通信标准化的机

构,也称"第三代合作伙伴计划")标准。

在终端方面,华为的商用进程远超竞争对手。在2018年的世界移动通信大会上,华为展示了全球首款3GPP标准的5GCPE商用终端,分为低频与高频两种,前者重量为2KG,体积为3L,实测峰值下行速度高达2Gbps。

在芯片方面,华为自研全球巴龙5G01芯片,这是全球首款商用、基于3GPP标准的芯片。该芯片的推出具有历史性意义,因为这意味着5G时代确实到来了,而华为是迎来5G时代的"第一人"。但华为的领先绝不是偶然的。这是任正非赋予了华为专注、自强的精神后产生的结果。早在2009年,任正非就执行了华为5G研究的计划,2018年前至少投入6亿美元用于5G的研究和创新,在全球有11个5G研究中心,参与5G研究的专家达到数千人。

把数字世界带入每个人、每个家庭、每个组织,构建万物互联的智能世界

任正非要求华为在5G战略上要一直处于领先地位的原因是什么?他到底希望5G在未来世界中扮演什么样的角色?

其实这从任正非改变华为的愿景就可以看出。2017年12月31日,任正非修改了华为的愿景,将"共建美好的全连接世界"改为"把数字世界带入每个人、每个家庭、每个组织,构建万物互联的智能世界"。也就是说,任正非5G战略布局的最终目的,是希望成为一个能把万物连接起来的智能世界。

不久的将来是一个全连接的时代,即从人的连接到物的连接,再到信息的连接。到2025年,全球的连接数预计达到1000亿,其中基于物的连接可能达到90%这个前所未有的比例,甚至更多。而要完成物的连接,需要三把钥匙，分别为 AI、物联网和 5G。其中，5G 不可取代，它也是前两者能得到普及应用的关键基础所在。5G 能够支持 1000 亿级别物的连接，并提供工业级的可靠性和实时性，这些能力使得 5G 成为支撑工业 4.0、"中国制造 2025"等产业战略顺利实施的关键基础。

华为在 5G 上的完善布局，加上华为已经逐步完成的 HiLinK 智能家居生态构建，以及在 AI 上的领先，共同构成了华为构建的智能世界。伴随 5G 的商用大幕拉开，华为也将在新的时代继续占据独特的领先地位。

附录

华为的冬天[1]

任正非

公司所有员工是否考虑过,如果有一天,公司销售额下滑、利润下滑甚至破产,我们怎么办?我们公司的和平时间太长了,在和平时期升的官太多了,这也许就是我们的灾难。泰坦尼克号也是在一片欢呼声中出的海。而且我相信,这一天一定会到来。面对这样的未来,我们怎样来处理,我们是不是思考过。我们好多员工盲目自豪,盲目乐观,如果想过的人太少,也许就快来临了。居安思危,不是危言耸听。

我到德国考察时,看到第二次世界大战后德国恢复得这么快,当时很感动。他们当时的工人团结起来,提出要降工资,不增工资,从而加快经济建设,所以战后德国经济增长很快。如果华为公司真的危机到来了,是不是员工工资减一半,大家靠一点白菜、南瓜过日子,就能行?或者我们裁掉一半人是否就能救公司。如果是这样就行的话,危险就不危险了。因为,危险一过去,我们可以逐步将工资补回来,或者销售增长,将被迫裁掉的人请回来。这算不了什么危机。如果两者同时都进行,都不能挽救公司,想过没有?

十年来我天天思考的都是失败,对成功视而不见,也没有什么荣誉

---

[1] 本文收录本书时有删减。

感、自豪感，而是危机感。也许是这样才存活了十年。我们大家要一起来想，怎样才能活下去，才能存活得久一些？失败这一天是一定会到来，大家要准备迎接，这是我从不动摇的看法，这是历史规律。

华为公司老喊狼来了，喊多了，大家有些不信了。但狼真的会来的。今年我们要广泛开展对危机的讨论，讨论华为有什么危机，你的部门有什么危机，你的科室有什么危机，你的流程的那一点有什么危机。还能改进吗？还能提高人均效益吗？如果讨论清楚了，那我们可能就不死，就延续了我们的生命。怎样提高管理效率，我们每年都写了一些管理要点，这些要点能不能对你的工作有所改进？如果改进一点，我们就前进了。

均衡发展，就是抓短的一块木板

我们怎样才能活下来。同志们，你们要想一想，如果每一年你们的人均产量增加15%，你可能仅仅保持住工资不变或者还可能略略下降。电子产品价格下降幅度一年还不止15%吧。我们卖的越来越多，而利润越来越少，如果我们不多干一点，我们可能保不住今天，更别说涨工资。不能靠没完没了地加班，所以一定要改进我们的管理。

在管理改进中，一定要强调改进我们木板最短的那一块。各部门、各科室、各流程主要领导都要抓薄弱环节。要坚持均衡发展，不断地强化以流程型和时效型为主导的管理体系的建设，在符合公司整体核心竞争力提升的条件下，不断优化你的工作，提高贡献率。

全公司一定要建立起统一的价值评价体系、统一的考评体系，才能使人员在内部流动和平衡上成为可能。比如有人说我搞研发创新很厉害，但创新的价值如何体现，创新必须通过转化变成商品，才能产生价值。我们重视技术、重视营销，这一点我并不反对，但每一个链条都是很重要的。研发相对用户来说，同等级别的一个用户工程师可能要比研发人员综合处

| 任正非：哪有什么天生强人，有的只是强忍

理能力还强一些。所以如果我们对售后服务体系不认同，那么这体系就永远不是由优秀的人来组成的。不是由优秀的人来组织，就是高成本的组织。因为他飞过去修机器，去一趟修不好，又飞过去修不好，再飞过去还修不好。我们把工资全都赞助给民航了。如果我们一次就能修好，甚至根本不用过去，远程指导就能修好，我们将省多少成本啊！因此，我们要强调均衡发展，不能老是强调某一方面。

对事负责制与对人负责制是有本质区别的，一个是扩张体系，一个是收敛体系

为什么我们要强调以流程型和时效型为主导的体系呢？现在流程上运作的干部，他们还习惯于事事都请示上级。这是错的，公司已经有规定，或者成为惯例的东西，不必请示，应快速让它通过。执行流程的人，是对事情负责，这就是对事负责制。事事请示，就是对人负责制，它是收敛的。我们要简化不必要确认的东西，要减少在管理中不必要、不重要的环节，否则公司怎么能高效运行呢？现在我们机关有相当的部门以及相当的编制，在制造垃圾，然后这些垃圾又进入分拣、清理，制造一些人的工作机会。制造这些复杂的文件，搞了一些复杂的程序以及不必要的报表、文件，来养活一些不必要养活的机关干部，机关干部是不能产生增值行为的。我们一定要在监控有效的条件下，尽力精简机关人员。

市场部机关是无能的。每天的纸片如雪花一样飞啊，每天都向办事处要报表，今天要这个报表，明天要那个报表，这是无能的机关干部。办事处每一个月把所有的数据填一个表，放到数据库里，机关要数据就到数据库里找。从明天开始，市场部把多余的干部组成一个数据库小组，所有数据只能向这个小组要，不能向办事处要，办事处一定要给机关打分，你们不要给他们打那么好的分，让他们吃一点亏，否则他们不会明白这个道

理，就不会服务于你们，使你作战有力。

在本职工作中，我们一定要敢于负责任，使流程速度加快，对明哲保身的人一定要清除。华为给了员工很好的利益，于是有人说千万不要丢了这个位子，千万不要丢掉这个利益。凡是要保自己利益的人，要免除他的职务，他已经是变革的绊脚石。在去年的一年里，如果没有改进行为的，甚至一次错误也没犯过，工作也没有改进的，是不是可以就地免除他的职务。他的部门的人均效益没提高，他这个科长就不能当了。他说他也没有犯错啊，没犯错就可以当干部吗？有些人没犯过一次错误，因为他一件事情都没做。而有些人在工作中犯了一些错误，但他管理的部门人均效益提升很大，我认为这种干部就要用。对既没犯过错误又没有改进的干部可以就地免职。

自我批判，是思想、品德、素质、技能创新的优良工具

我们一定要推行以自我批判为中心的组织改造和优化活动。自我批判不是为批判而批判，也不是为全面否定而批判，而是为优化和建设而批判。总的目标是要提升公司整体核心竞争力。

为什么要强调自我批判？我们倡导自我批判，但不提倡相互批评，因为批评不好把握适度，如果批评火药味很浓，就容易造成队伍之间的矛盾。而自己批判自己呢，人们不会自己下猛力，对自己都会手下留情。即使用鸡毛掸子轻轻打一下，也比不打好，多打几年，你就会百炼成钢了。自我批判不光是个人进行自我批判，组织也要进行自我批判。通过自我批判，各级骨干要努力塑造自己，逐步走向职业化、走向国际化。公司认为自我批判是个人进步的好方法，还不能掌握这个武器的员工，希望各级部门不要对他们再提拔了。两年后，还不能掌握和使用这个武器的干部要降低使用。在职在位的干部要奋斗不息、进取不止。

任正非：哪有什么天生强人，有的只是强忍

干部要有敬业精神、献身精神、责任心、使命感。我们对普通员工不作献身精神要求，他们应该对自己付出的劳动、取得合理报酬。只对有献身精神的员工要求，将他们培养成干部。另外，我们对高级干部实行严要求，不对一般干部实施严要求。因为都实施严要求，我们管理成本就太高了。因为管他也要花钱的呀，不打粮食的事我们要少干。因此我们对不同级别的干部有不同的要求，凡是不能使用自我批判这个武器的干部都不能提拔。

自我批判从高级干部开始，高级干部每年都有民主生活会，民主生活会上提的问题是非常尖锐的。有人听了以后认为公司内部斗争真激烈，你看他们说起问题来很尖锐，但是说完他们不又握着手打仗去了吗？我希望这种精神一直能往下传，下面也要有民主生活会，一定要相互提意见，相互提意见时一定要和风细雨。我认为，批评别人应该是请客吃饭，应该是绘画、绣花，要温良恭让。一定不要把内部的民主生活会变成了有火药味的会议，高级干部尖锐一些，是他们素质高，越到基层应越温和。事情不能指望一次说完，一年不行，两年也可以，三年进步也不迟。我希望各级干部在组织自我批判的民主生活会议上，千万要把握尺度。我认为人是怕痛的，太痛了也不太好，像绘画、绣花一样，细细致致地帮人家分析他的缺点，提出改进措施来，和风细雨式最好。

任职资格及虚拟利润法，是推进公司合理评价干部的有序、有效的制度

我们要坚定不移地继续推行任职资格管理制度。只有这样才能改变过去的评价蒙估状态。才会使有贡献、有责任心的人尽快成长起来。激励机制要有利于公司核心竞争力战略的全面展开，也要有利于近期核心竞争力的不断增长。

什么叫领导？什么叫政客？这次以色列的选举，让我们看到了犹太人的短视。拉宾意识到以色列一个小国，处在几亿阿拉伯人的包围中，尽管几次中东战争以色列都战胜了，但不能说50年、100年以后，阿拉伯人不会发展起来。今天不以土地换和平、划定边界，与周边和平相处，那么一旦阿拉伯人强大起来，他们又会重新流离失所。要是这样犹太人再过2000年还回不回得来，就不一定了。而大多数人，只看重眼前的利益，沙龙是强硬派，会为犹太人争得近期利益，人们拥护了他。我终于看到一次犹太人也像我们一样的短视。我们的领导都不要迎合群众，但推进组织目的，要注意工作方法。

干部要有敬业精神、献身精神、责任心和使命感。区别一个干部是不是一个好干部，是不是忠臣，标准有四个：第一，你有没有敬业精神，对工作是否认真，改进了，还能改进吗？还能再改进吗？这就是你的工作敬业精神。第二，你有没有献身精神，不要斤斤计较，我们的价值评价体系不可能做到绝对公平。如果用曹冲称象的方法来进行任职资格评价的话，那肯定是公平的。但如果用精密天平来评价，那肯定公平不了。我们要想做到绝对公平是不可能的。我认为献身精神是考核干部的一个很重要因素。一个干部如果过于斤斤计较，这个干部绝对做不好，你手下有很多兵，你自私、斤斤计较，你的手下能和你合作很好吗？没有献身精神的人不要做干部，做干部的一定要有献身精神。第三点和第四点，就是要有责任心和使命感。我们的员工是不是都有责任心和使命感？如果没有责任心和使命感，为什么还想要当干部。如果你觉得你还是有一点责任心和使命感的，赶快改进，否则最终还是要把你免下去的。

不盲目创新，才能缩小庞大的机关

庙小一点，方丈减几个，和尚少一点，机关的改革就是这样。总的原则是我们一定要压缩机关，为什么？因为我们建设了IT。为什么要建设IT？道路设计时要博士，炼钢制轨要硕士，铺路要本科生。但是道路修好了扳岔道就不要这么高的学历了，否则谁也坐不起这个火车。因此当我们公司组织体系和流程体系建设起来的时候，就不要这么多的高级别干部，方丈就少了。

我们要坚持"小改进，大奖励"。"小改进、大奖励"是我们长期坚持不懈的改良方针。应在小改进的基础上，不断归纳，综合分析。研究其与公司总体目标流程的符合，与周边流程的和谐，要简化、优化、再固化。这个流程是否先进，要以贡献率的提高来评价。我年轻时就知道华罗庚的一句话，"神奇化易是坦途，易化神奇不足提"。我们有些员工，交给他一件事，他能干出十件事来，这种创新就不需要，是无能的表现。这是制造垃圾，这类员工要降低使用。所以今年有很多变革项目，但每个变革项目都要以贡献率来考核。既要实现高速增长，又要同时展开各项管理变革，错综复杂，步履艰难，任重而道远。各级干部要有崇高的使命感和责任意识，要热烈而镇定，紧张而有秩序。"治大国，若烹小鲜"，我们做任何小事情都要小心谨慎，不要随意把流程破坏了，发生连锁错误。

规范化管理本身已含监控，它的目的是有效、快速的服务业务需要

我们要继续坚持业务为主导、会计为监督的宏观管理方法与体系的建设。什么叫业务为主导，就是要敢于创造和引导需求，取得"机会窗"的利润；也要善于抓住机会，缩小差距，使公司同步于世界而得以生存。什么叫会计为监督，就是为保障业务实现提供规范化的财经服务，规范化就可以快捷、准确和有序，使账务维护成本降低。规范化是一把筛子，在服务的过程中也完成了监督。要把服务与监控融进全流程。我们也要推行逆向审计，追溯责任，从中发现优秀的干部，铲除沉淀层。

面对变革要有一颗平常心,要有承受变革的心理素质

我们要以正确的心态面对变革。什么是变革?就是利益的重新分配。利益重新分配是大事,不是小事。这时候必须有一个强有力的管理机构,才能进行利益的重新分配,改革才能运行。在改革的过程中,从利益分配的旧平衡逐步走向新的利益分配平衡。这种平衡的循环过程,是促使企业核心竞争力提升与效益增长的必须。但利益分配永远是不平衡的。我们进行岗位变革也是有利益重新分配的,比如大方丈变成了小方丈,你的庙被拆除了,不管叫什么,都要有一个正确的心态来对待。如果没有一个正确的心态,我们的改革是不可能成功的,不可能被接受的。特别是随着IT体系的逐步建成,以前的多层行政传递与管理的体系将更加扁平化。伴随中间层的消失,一大批干部将成为富余,各大部门要将富余的干部及时输送至新的工作岗位上去,及时地疏导,才会避免以后的过度裁员。我在美国时,在和IBM、Cisco、Lucent等几个大公司领导讨论问题时谈到,IT是什么?他们说,IT就是裁员、裁员、再裁员。以电子流来替代人工的操作,以降低运作成本,增强企业竞争力。我们也将面临这个问题。伴随着IPD、ISC、财务四统一、支撑IT的网络等逐步铺开和建立,中间层消失。我预计我们大量裁掉干部的时间大约在2003年或2004年。

今天要看到这个局面,我们现在正在扩张,还有许多新岗位,大家要赶快去占领这些新岗位,以免被裁掉。不管是对干部还是普通员工,裁员都是不可避免的。我们从来没有承诺过,像日本一样执行终身雇佣制。我们公司从创建开始就是强调来去自由。内部流动是很重要的,当然这个流动有升有降,只要公司的核心竞争力提升了,个人的升、降又何妨呢?"不以物喜,不以己悲"。因此今天来说,我们各级部门真正关怀干部,就不是保住他,而是要疏导他,疏导出去。

模板化，是所有员工快速管理进步的法宝

一个新员工，看懂模板，会按模板来做，就已经国际化、职业化，以现在的文化程度，三个月就掌握了。而这个模板是前人摸索几十年才摸索出来的，你不必再去摸索。各流程管理部门、合理化管理部门，要善于引导各类已经优化的、已经证实行之有效的工作模板化。清晰流程，重复运行的流程，工作一定要模板化。一项工作达到同样绩效，少用工，又少用时间，这才说明管理进步了。我们认为，抓住主要的模板建设，又使相关模板的流程联结起来，才会使IT成为现实。在这个问题上，我们要加强建设。

华为的危机以及萎缩、破产是一定会到来的

现在是春天吧，但冬天已经不远了，我们在春天与夏天要念着冬天的问题。IT业的冬天对别的公司来说不一定是冬天，而对华为可能是冬天。华为的冬天可能来得更冷，更冷一些。我们还太嫩，我们公司经过十年的顺利发展没有经历过挫折，不经过挫折，就不知道如何走向正确道路。磨难是一笔财富，而我们没有经过磨难，这是我们最大的弱点。我们完全没有适应不发展的心理准备与技能准备。

危机的到来是不知不觉地，我认为所有的员工都不能站在自己的角度立场想问题。如果说你们没有宽广的胸怀，就不可能正确对待变革。如果你不能正确对待变革，抵制变革，公司就会死亡。在这个过程中，大家一方面要努力地提升自己，另一方面要与同志们团结好，提高组织效率，并把自己的好干部送到别的部门去，使自己部下有提升的机会。你减少了编制，避免了裁员、压缩。在改革过程中，变革总会触动某些员工的一些利益和矛盾，希望大家不要发牢骚，说怪话，特别是我们的干部要自律，不要传播小道消息。

安安静静地应对外界议论

对待媒体的态度，希望全体员工都要低调，因为我们不是上市公司，所以我们不需要公示社会。我们主要是对企业的有效运行负责任。我们要遵纪守法，我们去年交给国家的增值税、所得税是18个亿，关税是9个亿，加起来一共是27个亿。估计我们今年在税收方面可能再增加百分之七八十，可能要给国家交到40多个亿。我们已经对社会负责了。媒体有他们自己的运作规律，我们不要去参与，我们有的员工到网上辩论，是帮公司的倒忙。

我想，每个员工都要把精力用到本职工作上去，只有本职工作做好了才能为你带来更大的效益。国家的事由国家管，政府的事由政府管，社会的事由社会管，我们只要做一个遵纪守法的公民，就完成了我们对社会的责任。只有这样我们公司才能安全、稳定。不管遇到任何问题，我们的员工都要坚定不移地保持安静。严格自律，不该说的话不要乱说。特别是干部要管好自己的家属。我们华为人都是非常有礼仪的人。当社会上根本认不出你是华为人的时候，你就是华为人；当这个社会认出你是华为人的时候，你就不是华为人，因为你的修炼还不到家。

沉舟侧畔千帆过，病树前头万木春。网络股的暴跌，必将对两三年后的建设预期产生影响，那时制造业就惯性进入了收缩。眼前的繁荣是前几年网络股大涨的惯性结果。记住一句话："物极必反"，这一场网络设备供应的冬天，也会像它热得人们不理解一样，冷得出奇。没有预见，没有预防，就会冻死。那时，谁有棉衣，谁就活下来了。

数字不是全部，精彩才是人生！

我的父亲母亲[1]

任正非

这是我一生中最大的憾事——如果8日上午我真给母亲打了电话，拖延她一两分钟出门，也许她就躲过了这场灾难……

上世纪末最后一天，我总算良心发现，在公务结束之后，买了一张从北京去昆明的机票，去看看妈妈。买好机票后，我没有给她打电话，我知道一打电话她一下午都会忙碌，不管多晚到达，都会给我做一些我小时候喜欢吃的东西。直到飞机起飞，我才告诉她，让她不要告诉别人，不要车来接，我自己坐出租车回家，目的就是好好陪陪她。前几年我每年也去看看妈妈，但一下飞机就给办事处接走了，说这个客户很重要，要拜见一下，那个客户很重要，要陪他们吃顿饭，忙来忙去，忙到上飞机时回家取行李，与父母匆匆一别。妈妈盼星星、盼月亮，盼着唠唠家常，却是一次又一次的落空。他们总是说你工作重要，先工作，先工作。

由于3日我要赶回北京，随胡锦涛副主席访问伊朗，在昆明我只能待一天。这次在昆明给妈妈说了去年11月份我随吴邦国副总理访问非洲时，吴邦国副总理在科威特与我谈了半小时话的内容。首长说了这次我随访是他亲自点的名，目的一是鼓励和肯定华为，并让随行的各部部长也正面地

---

[1] 本文收录本书时有删减。

认识和了解华为；二是了解一下我们公司的运行与管理机制，看看对别的企业有无帮助。妈妈听了十分高兴，说"政府信任就好，只要企业干得好，其他都会随时间的证实而过去的"。

最近这两年，网上、媒体中对华为有一些内容，也是毁誉参半，妈妈是经过"文革"痛苦煎熬过的，对荣誉不感兴趣，对一些不了解我们真实情况的文章却十分忧心。我说了，我们不是上市公司，不需要公示社会，主要是对企业的有效运行负责。我们去年交税20多亿元，2001年要交40多亿的税。各级政府对我们都信任。我们不能在媒体上去辩论，这样会引起争论，国家纸太贵，为我们这样一个小公司争论太浪费。为我们这样一个小公司，去干扰国家的宣传重点，我们也承担不了这么大责任。他们主要是不了解，我们也没有介绍，了解就好了。妈妈舒了一口气，理解了我的沉默。这次我还与母亲约好，今年春节我不工作，哪儿也不去，与几个弟妹陪她到海南过春节，好好聊一聊，痛痛快快聊一聊。以前，我节假日多为出国，因中国过节，外国这时不过节，正好多一些时间工作，这次我是彻底想明白了，要陪陪妈妈，我这一生还没有好好陪过她。没想到终成泡影。

8号那天，圆满结束对伊朗的访问，我们刚把胡副主席送上飞机，就接到纪平的电话，说我母亲上午10时左右，从菜市场出来，提着两小包菜，被汽车撞成重伤，孙总已前往昆明组织抢救。由于相隔千万里，伊朗的通信太差，真使人心急火燎。飞机要多次中转才能回来，在巴林转机要待6.5个小时，真是心如煎熬，又遇巴林雷雨，飞机又延误2个小时，到曼谷时又再晚了10分钟，没有及时赶上回昆明的飞机，直到深夜才赶到昆明。

回到昆明，就知道妈妈不行了，她的头部全部给撞坏了，当时的心跳、呼吸全是靠药物和机器维持，之所以在电话上不告诉我，是怕我在旅途中出事。我看见妈妈一声不响地安详地躺在病床上，不用操劳、烦心，好像她一生也没有这么休息过。

我真后悔没有在伊朗给母亲一个电话。7日胡副主席接见我们8个随行的企业负责人，我汇报了两三分钟，说到我是华为公司的时候，胡副主席伸出4个指头，说四个公司之一。我本想把这个好消息告诉妈妈，说中央首长还知道我们华为。但我没打，因为以前不管我在国内、国外给我母亲打电话时，她都唠叨："你又出差了""非非你的身体还不如我好呢""非非你的皱纹比妈妈还多呢""非非你走路还不如我呢，你这么年纪轻轻就这么多病""非非，糖尿病参加宴会多了，坏得更快呢，你的心脏又不好"。我想伊朗条件这么差，我一打电话，妈妈又唠叨，反正过不了几天就见面了，就没有打。而这是我一生中最大的憾事。由于时差，我只能在中国时间8日上午一早打，告诉她这个喜讯，如果我真打了，拖延她一两分钟出门，也许妈妈就躲过了这场灾难。这种悔恨的心情，真是难以形容。

我看了妈妈最后一眼后，妈妈溘然去世。1995年我爸爸也是因为在昆明街头的小摊上，买了一瓶塑料包装的软饮料喝后，拉肚子，一直到全身衰竭去世。

爸爸任摩逊，一生尽职尽责，充其量可以说是一个乡村教育家。妈妈程远昭，是一个陪伴爸爸在贫困山区与穷孩子厮混了一生的一个普通得不能再普通的园丁。

爸爸是穿着土改工作队的棉衣，随解放军剿匪部队一同进入贵州少数民族山区去筹建一所民族中学。一头扎进去就是几十年，他培养的学生不少成为党和国家的高级干部，有些还是中央院校的校级领导，而爸爸还是那么位卑言微。

爷爷是浙江浦江县的一个做火腿的大师傅，爸爸的兄弟姊妹都没有读过书。由于爷爷的良心发现，也由于爸爸的执着要求，爸爸才读了书。爸爸在北京上大学期间，也是一个热血青年，参加学生运动，进行抗日演讲，反对侵华的"田中奏折"，还参加过共青团。由于爷爷、奶奶相继病逝，爸爸差一年没有读完大学，辍学回家。时日，正值国共合作开始，全国掀起抗日高潮，爸爸在同乡会的介绍下，到广州一个同乡当厂长的国民党军工厂做会计员。由于战争的逼近，工厂又迁到广西融水，后又迁到贵州桐梓。在广西融水期间，爸爸与几个朋友在业余时间，开了一个生活书店，卖革命书籍，又组织一个"七七"读书会，后来这个读书会中有几十人走上了革命前线，有相当多的人新中国成立后成为党和国家的高级干部。粉碎"四人帮"后，融水重写党史时，还把爸爸邀请过去。

爸爸这段历史，是"文革"中受磨难最大的一件事情。身在国民党的兵工厂，又积极宣传抗日，同意共产党的观点，而又没有与共产党地下组织联系。为什么？这就成了一部分人的疑点。在"文革"时期，如何解释得清楚。他们总想挖出一条隐藏得很深的大鱼，因此爸爸受尽了百般的折磨。

妈妈其实只有高中文化程度，她要陪伴父亲，忍受各种屈辱，成为父亲的挡风墙，又要照顾我们兄妹七人，放下粉笔就要和煤球为伍，买菜、做饭、洗衣……又要自修文化，完成自己的教学任务，她最后被评为中学的高级教师。她的学生中，不少是省、地级干部及优秀的技术专家，他们都对母亲的教学责任心印象深刻。妈妈这么低的文化水平，自学成才，各种艰辛，只有她自己知道。

父母虽然较早参加革命，但他们非无产阶级血统，要融入无产阶级的

任正非：哪有什么天生强人，有的只是强忍

革命队伍，取得信任，并不是一件容易的事情。他们不可能像普通农民、工人那样政治纯洁。他们生活在一个复杂的社会中，这个社会又是多元化组成的，不可能只有一种纯洁的物质。历次政治运动中，他们都向党交心，他们思想改造的困难程度要比别人大得多，所受的内心煎熬也非他人所能理解。他们把一生任何一个细节都写得极其详尽，希望组织审查。他们去世后，我请同学去帮助复印父母的档案，同学们看了父母向党交心的材料，都被他们的真情感动得泪流满面。终其一生，他们都是追随革命的，不一定算得上中坚分子，但无愧于党和人民。父亲终在1958年国家吸收一批高级知识分子入党时，入了党。当时向党交心，不像今天这样信息发达，那时，反对个别党员，有可能被说成反党。我们亲眼看到父母的谨小慎微、忘我地拼其全力工作，无暇顾及我们，就如我拼死工作，无暇孝敬他们一样。他们对党和国家、对事业的忠诚，已经历史可鉴。我今天要忏悔的，是我没有抽时间陪陪他们，送送他们。

回想起来，革命的中坚分子在一个社会中是少的，他们能以革命的名义，无私无畏地工作，他们是国家与社会的栋梁。为了选拔这些人，多增加一些审查成本是值得的。而像父母这样追随革命，或拥护革命，或不反对革命的人是多的，他们比不革命好，社会应认同他们，给予机会。不必要求他们那么纯洁，花上这么多精力去审查他们，高标准要求他们，他们达不到也痛苦，而是要精神文明与物质文明一同来支撑，以物质文明来巩固精神文明，以一种机制来促使他们主观上为提高生存质量，客观上是促进革命，充分发挥他们贡献的积极性。我主持华为工作后，我们对待员工，包括辞职的员工都是宽松的，我们只选拔有敬业精神、献身精神、有责任心、使命感的员工进入干部队伍，只对高级干部严格要求。这也是亲历亲见了父母的思想改造的过程而形成了我宽容的品格。

我与父母相处的青少年时代，印象最深的就是渡过三年自然灾害的困难时期。今天想来还历历在目。

我们兄妹7个，加上父母共9人，全靠父母微薄的工资来生活，毫无其他来源。本来生活就十分困难，儿女一天天在长大，衣服一天天在变短，而且都要读书，开支很大，每个学期每人交2—3元的学费，到交费时，妈妈每次都发愁。与勉强可以用工资来解决基本生活的家庭相比，我家的困难就更大。我经常看到妈妈月底就到处向人借3—5元钱度饥荒，而且常常走了几家都未必借到。直到高中毕业我没有穿过衬衣。有同学看到很热的天，我穿着厚厚的外衣，说让我向妈妈要一件衬衣，我不敢，因为我知道做不到。我上大学时妈妈一次送我两件衬衣，我真想哭，因为，我有了，弟妹们就会更难了。我家当时是2—3人合用一条被盖，而且破旧的被单下面铺的是稻草。"文革"造反派抄家时，以为一个高级知识分子、专科学校的校长家，不知有多富，结果都惊住了。上大学我要拿走一条被子，家里就更困难了，因为那时还实行布票、棉花票管制，最少的一年，贵州每人只发0.5米布票。没有被单，妈妈捡了毕业学生丢弃的几床破被单缝缝补补，洗干净，这条被单就在重庆陪我度过了5年的大学生活。

父母的不自私，那时的处境可以明鉴。我那时14—15岁，是老大，其他一个比一个小，而且不懂事。他们完全可以偷偷地多吃一口粮食，可他们谁也没有这么做。爸爸有时还有机会参加会议，适当改善一下生活。而妈妈那么卑微，不仅要同别人一样工作，还要负担7个孩子的培养、生活。煮饭、洗衣、修煤灶……什么都干，消耗这么大，自己却从不多吃一口。我们家当时是每餐实行严格分饭制，控制所有人欲望的配给制，保证人人都能活下来。如果不是这样，总会有一个、两个弟妹活不到今天。我

任正非：哪有什么天生强人，有的只是强忍

真正能理解活下去这句话的含义。

我高三快高考时，有时在家复习功课，实在饿得受不了了，用米糠和菜合一下，烙着吃，被爸爸碰上几次，他心疼极了。其实那时我家穷得连一个可上锁的柜子都没有，粮食是用瓦缸装着，我也不敢去随便抓一把，否则也有一两个弟妹活不到今天（我的不自私也是从父母身上学到的，华为今天这么成功，与我不自私有一点关系）。后三个月，妈妈经常早上塞给我一个小小的玉米饼，要我安心复习功课，我能考上大学，小玉米饼功劳巨大。如果不是这样，也许我也进不了华为这样的公司，也许社会上多了一名养猪能手，或街边多了一名能工巧匠而已。这个小小的玉米饼，是从父母与弟妹的口中抠出来的，我无以报答他们。

1997年我国的高等教育制度改革，开始向学生收费，而配套的助学贷款又没跟上，华为集团向教育部捐献了2500万元寒门学子基金。

父亲一生谨小慎微，自知地位不高，从不乱发言而是埋头在学问中，可在"文革"横扫一切牛鬼蛇神的运动中，他还是被揪出来，反动学术权威、走资派、历史有问题的人……万劫难逃。他最早被关进牛棚。

1967年重庆武斗激烈时，我扒火车回家。因为没有票，还在火车上挨过上海造反队的打，我说我补票都不行，硬把我推下火车。也挨过车站人员的打，回家还不敢直接在父母工作的城市下车，而在前一站青太坡下车，步行十几里回去。半夜回到家，父母见我回来了，来不及心疼，让我明早一早就走，怕人知道，受牵连，影响我的前途。爸爸脱下他的一双旧皮鞋给我，第二天一早我就走了，临走时，父亲说了几句话："记住知识就是力量，别人不学，你要学，不要随大流。""以后有能力要帮助弟妹。"背负着这种重托，我在重庆枪林弹雨的环境下，将樊映川的高等数学习题集从头到尾做了两遍，学习了许多逻辑、哲学。还自学了三门外语，当时

已到可以阅读大学课本的程度，终因我不是语言天才，加之在军队服务时用不上，20多年荒废，完全忘光了。我当年穿走爸爸的皮鞋，没念及爸爸那时是做苦工的，泥里水里，冰冷潮湿，他更需要鞋子。现在回忆起来，感觉自己太自私了。

"文革"中，我家的经济状况，陷入了比自然灾害时期还困难的境地。我有同学在街道办事处工作，介绍弟妹们到河里挖砂子，修铁路抬土方……弟妹们在我结婚时，大家集在一起，送了我100元。这都是他们在冰冷的河水中筛砂，修铁路时冒着在土方塌方中被掩埋的危险挣来的。那时的生活艰苦还能忍受，心痛比身痛要严重得多，由于父亲受审查的背景影响，弟妹们一次又一次的入学录取被否定，那个年代他们的损失就是没有机会接受高等教育。除了我大学读了三年就开始"文化大革命"外，其他弟妹有些高中、初中、高小、初小都没读完，他们后来适应人生的技能，都是自学来的。从现在的回顾来看，物质的艰苦生活以及心灵的磨难是我们后来人生的一种成熟的宝贵财富。

"文革"对国家是一场灾难，但对我们是一次人生的洗礼，使我政治上成熟起来，不再是单纯的一个书呆子。我虽然也参加了轰轰烈烈的红卫兵运动，但我始终不是红卫兵，这也是一个奇观。因为父亲受审的影响，哪一派也不批准我参加红卫兵。我入伍后，也是因为父亲问题，一直没有通过入党申请，直到粉碎"四人帮"以后。

1976年10月，中央一举粉碎了"四人帮"，使我们得到了翻身解放的机会。我一下子成了奖励"暴发户"。"文革"中，无论我如何努力，一切立功、受奖的机会均与我无缘。在我领导的集体中，战士们立三等功、二等功、集体二等功，几乎每年都大批涌出，而唯独我这个领导者，从未受过嘉奖。我已习惯了我不应得奖的平静生活，这也是我今天不争荣誉的

任正非：哪有什么天生强人，有的只是强忍

心理基础。粉碎"四人帮"以后，生活翻了个个儿，因为我两次填补国家空白，又有技术发明创造，合乎那时的时代需要，突然一下子"标兵、功臣"等部队与地方的奖励排山倒海式地压过来。我这人也热不起来，许多奖品都是别人去代领回来的，我又分给了大家。

1978年3月我出席了全国科学大会，6000人的代表中，仅有150多人在35岁以下，我33岁。我也是军队代表中少有的非党人士。在兵种党委的直接关怀下，部队未等我父亲平反，就直接去查清我父亲的历史进行外调，否定了一些不实之词，并把他们的调查结论，寄给我父亲所在的地方组织，我终于入了党。后来又出席了党的第十二次全国代表大会。父亲把我与党中央领导合影的照片，做了一个大大的镜框，挂在墙上，全家都引以为豪。

我父亲也在粉碎"四人帮"后不久平反。由于那时百废待兴，党组织需要尽快恢复一些重点中学，提高高考的升学率，让他去做校长。"文革"前他是一个专科学校的校长。他不计较升降，不计较得失，只认为有了一种工作机会，他便全身心地投进去了，很快就把教学质量抓起来了，升学率达到了90%多，成为远近闻名的学校。他直到1984年75岁才退休。他说，他总算赶上了一个尾巴，干了一点事。他希望我们珍惜时光，好好干。至此，我们就各忙各的，互相关心不了了。我为老一辈的政治品行自豪，他们从牛棚中放出来，一恢复组织生活，都拼命地工作。他们不以物喜、不以己悲、不计荣辱、爱国爱党、忠于事业的精神值得我们这一代人、下一代人、下下一代人学习。在生活中不可能没有挫折，但一个人为人民奋斗的意志不能动摇。

我有幸在罗瑞卿同志逝世前三个月，有机会聆听了他为全国科学大会军队代表的讲话，说未来十几年是一个难得的和平时期，我们要抓紧全力

投入经济建设。我那时年轻，缺少政治头脑，并不明白其含意。过了两三年大裁军，我们整个兵种全部被裁掉，我才理解了什么叫有预见性的领导。

我转入地方后，不适应商品经济，也无驾驭它的能力。一开始我在一个电子公司当经理也栽过跟头，被人骗过。后来也是无处可以就业，才被迫创建华为的。华为的前几年是在十分艰难困苦的条件下起步的。这时父母、侄子与我住在一间十几平方米的小房里，在阳台上做饭。他们处处为我担心，生活也十分节省。攒一些钱说是为了将来救我（听妹妹说，母亲去世前两个月，还与妹妹说，她存有几万元，以后留着救哥哥，他总不会永远都好。母亲在被车撞时，她身上只装了几十元钱，又未带任何证件，是作为无名氏被110抢救的。中午吃饭时，妹妹、妹夫才发现她未回来，四处寻找，才知道遭遇车祸。可怜天下父母心，一个母亲的心有多纯）。当时广东卖鱼虾，一死就十分便宜，父母他们专门买死鱼、死虾吃，说这比内地还新鲜呢！他们晚上出去买菜与西瓜，因为卖不掉的菜，便宜一些。我也无暇顾及他们的生活，以致母亲糖尿病严重我还不知道，是邻居告诉我的。华为有了规模发展后，管理转换的压力十分巨大，我不仅照顾不了父母，而且连自己也照顾不了，我的身体也是那一段时间累垮的。我父母这时才转去昆明我妹妹处定居。我也因此理解了要奋斗就会有牺牲，华为的成功，使我失去了孝敬父母的机会与责任，也销蚀了自己的健康。

回顾我自己走过的历史，扪心自问，我一生无愧于祖国、无愧于人民，无愧于事业与员工，无愧于朋友，唯一有愧的是父母，没条件时没有照顾他们，有条件时也没有照顾他们。

爸爸妈妈，千声万声呼唤您们，千声万声唤不回。

逝者已经逝去，活着的还要前行。

北国之春

任正非

在樱花盛开春光明媚的时节,我们踏上了日本的国土。此次东瀛之行,我们不是来感受异国春天的气息,欣赏漫山遍野的樱花,而是为了来学习度过冬天的经验。

北国之春总会来临

一踏上日本国土,给我的第一印象还是与十年前一样宁静、祥和、清洁、富裕与舒适。从偏远的农村到繁华的大城市,街道还是那样整洁,所到之处还是那样井然有序;人还是那样慈祥、和善、彬彬有礼,脚步还是那样匆匆;从拉面店的服务员到乡村小旅馆的老太太,从大公司的上班族到……所有人都这么平和、乐观和敬业,他们是如此珍惜自己的工作,如此地珍惜为他人服务的机会,工作似乎是他们最高的享受,没有任何躁动、不满与怨气。在我看来,日本仍然是十年前的日本,日本人还是十年前的日本人。

但谁能想到,这十年间日本经受了战后最严寒和最漫长的冬天。正因为现在的所见所闻,是建立在这么长时间的低增长时期的基础上,这使我感受尤深。日本绝大多数企业,近8年没有增加过工资,但社会治安仍然比北欧还好,真是让人赞叹。日本一旦重新起飞,这样的基础一定让它一飞冲天。华为若连续遭遇两个冬天,就不知道华为人是否还会平静,沉着应对，克服困难，期盼春天。

日本从20世纪90年代初起，连续十年低增长、零增长、负增长……这个冬天太长了。日本企业是如何过来的，他们遇到了什么困难，有些什么经验，能给我们什么启示？

这是我们赴日访问的目的所在。

华为经历了10年高速发展，能不能长期持续发展，会不会遭遇低增长，甚至是长时间的低增长；企业的结构与管理上存在什么问题；员工在和平时期快速晋升，能否经受得起冬天的严寒；快速发展中的现金流会不会中断，如在江河凝固时，有涓涓细流，不致使企业处于完全停滞……这些都是企业领导人应预先研究的。

华为总会有冬天，准备好棉衣，比不准备好。我们该如何应对华为的冬天？这是我们在日本时时思索和讨论的话题。

奋斗是一个民族崛起的动力源泉

在一个偏僻乡村的小居酒屋，巧遇一群旅游的日本退休老人，他们为我们热情地演唱了《拉网小调》，我们也情不自禁地与他们同唱北海道民歌《北国之春》。

他们那样乐观、热情、无忧无虑，感染了我。相比之下，我感到中国老人有操不完的心，心事重重，活得很累。我们父辈们沉重的心情，他们至死也没有轻松过。

我曾数百次听过《北国之春》，每一次都热泪盈眶，都为其朴实无华的歌词所震撼。《北国之春》原作者的创作之意是歌颂创业者和奋斗者的，而不是当今青年人误认为的一首情歌。

当一个青年背井离乡，远离亲人，去为事业奋斗，唯有妈妈无时无刻不在关怀他，以致城里不知季节已变换，在春天已经来临时，还给他邮来棉衣御严冬。而我再没有妈妈会给我寄来折耳根（鱼腥草）、山野菜、辣肠了……这一切只能长存于永恒的记忆里。儿行千里母担忧，天下父母都一样，担忧着儿女。我写的《我的父亲母亲》一文，日本朋友也译成了日文、英文让员工传阅，他们误认为我是孝子。我是因为没有尽到照顾父母的责任，才如此内疚与痛苦。我把全部精力献给了工作，忘了父母的安危，实际上是一个不称职的儿子。

一个人离开家奋斗是为了获得美好的生活，爱情又是美好生活中最重要的部分，但爱情就像独木桥一样，人家过了，你就不能过。离家已经5年，在残雪消融、溪流淙淙的时候，面对自横的独木桥，真不知别人是否已经过去，心爱的姑娘可安在。那种惆怅，那种失落，那种迷茫，成功了又能怎么样？

棣棠丛丛，朝雾蒙蒙，静静的水车、小屋，与阵阵无忧无虑的儿歌声相伴的是父兄的沉默寡言。我们多数人能去读大学，都是父兄默默奉献的结果。他们含辛茹苦、一点一点地劳动积攒，来供应远在他乡孤立无助的游子，他们自身反而没有文化。他们用自己坚硬的脊梁，为我们搭起了人生和事业的第一个台阶。

但愿他们别太苦了自己了，愁时相对无言也沽两杯薄酒。我们千万不要忘记他们，千万不要嫌弃他们，千万不要忘记报答他们。

由此我想到，我们每一个人的成功，都来自亲人的无私奉献，我们生活、工作和事业的原动力，首先来自妈妈御寒的冬衣，来自沉默寡言的父兄，故乡的水车、小屋、独木桥，还有曾经爱过你但已分别的姑娘……

《北国之春》是日本人民奋斗的一个缩写。

我亲自领悟过日本人民的勤奋，没有他们这种精神，就很难用二三十年时间，就从二战的废墟中崛起。日本民族善于精工，在产品经济时代大放过光芒，让全世界人民对日本人民刮目相看。我也领教了他们在困难时期战胜萧条的忍耐与乐观精神。

日本是一个岛国，国土面积狭小，而且大多数是高山，日本民族因而养成了善于把"长大厚重"的东西作成"短小薄轻",长期养成了精工的习惯。小小的花园,是那样的美轮美奂;小小的街道是那样的整齐、精美,以至任何一个角落都让人舒适惬意。小小的功能强大的相机;曾经风驰电掣般席卷世界市场的家用电器;一个无煤炭、铁矿、石油的国家,生产的优质汽车遍布全球。日本人民的勤劳与德国民族的执着,在机电产品产业时代,震撼了世界。他们无怨无悔、勤奋努力、不断奉献的精神,创建了日本的繁荣。

日本目前虽然遇到了困难,但其国民的忍耐、乐观、勤奋和奋斗的精神未变,信念未变,对生活和工作的热爱未变。天道酬勤,相信日本能够度过这寒冷的冬天。

日本企业遇到了什么困难

我们访问的是实业型公司,这样的公司相比其他类型的公司好一些。产品在市场上还有销售,现金流还能转得动。只是8年的经营成长曲线是一条平线,几乎没有增长,工资总额也几乎没有增长,甚至还略有下降。

日本企业面临的三种过剩,沉重地压在企业的头上,使之调整困难。这三种困难是雇佣过剩、设备过剩和债务过剩。这三种过剩的调整,涉及机构改革、结构及产业重组,向发展知识创新产业过渡,以及培养核心经营能力和向速度经营的转变。过去的日本企业体制,束缚了这种转变,使之困难重重。日本企业真正感到了,不是做什么事好,做什么事不好,关键在于有无核心竞争力。

如果,华为的增长速度大幅减慢,日本企业的三种过剩都会在华为出现。没有及早认识到并做好充分的思想准备,就会陷于被动。

随着日本企业长时间不吸收新员工,员工平均年龄逐步增大,人才结构由宝塔形转向纺锤形,优秀的人才少,新生力量少,年龄大的一般员工多,使企业缺少活力,而且工资成本较高。由于人才的流动减弱,职位相对凝固，使创新明显不足。

日本企业的内部改革滞后，国内企业竞争不激烈，企业内部员工也缺少必要的竞争。促使企业改革的内因、外因，并没有因为经济不景气凸显。日本企业完全靠自身力量实行较大的改革，十分困难。如前所讲，日本是一个治安很好、生活很舒适、稳定的国家，尽管8年未涨工资，并不足以威胁消费，人们比较安于现状，日本人连留学都很少出去。这种安定，也不利于迫使企业痛下决心进行改革。

尽管他们已废除了年功序列制、终身雇佣制，加强了绩效考核，日本企业现在内部也开始进行改组，重新划分结构，从一个大公司什么都干，逐步收缩到几大领域，然后这几大领域财务独立，共同品牌，使核算目标清晰化等，但观念和文化的惯性使这种变革的努力见效不大。

日本企业也开始推行员工持股制度，激活和推动员工之间及企业之间的相互竞争。日本的法律原先是不允许员工持股的。但日本企业在根本的竞争力提升上并没有有力度的行动。治标不治本，深层次的问题依然存在，苦熬是熬不出头的。

因为日本一贯比较求稳，致使企业经营者年龄偏大，决策过程过于谨慎。许多重要决策必须一致通过，少数人通不过，要做工作，甚至有时做不通就拖着，这种决策的安全性拖累决策的及时性。过于民主的决策体系并不一定是好的。

日本的企业相比亚洲其他国家已经比较国际化，但他们总结他们的失败之因时，还是说他们不够国际化。想想华为比松下、NEC的国际化还差多少，有什么可以值得盲目自豪的。亚洲企业的国际化本来就难，我国在封闭几十年后，短短二十年的发展，还不足以支撑国际化。华为的国际化步伐更难，仅仅因为大量的外籍员工，读不懂中文的文档，大量的国内员工英文也没过关，就足以看到华为的国际化是多么的困难。如果不克服这些困难，华为也可能是昙花一现。

日本政府也决定在2003年之前，处理完不良债务，把33兆亿日元的债务从银行买过来。实行小政府，确立地方分权。进行税制改革，降低所得税，提高消费税。

实行教育改革，改变过去的平均教育法，采取因材施教的分类教育政策，开发人的潜能，提高年轻人的创造力。改革社会保障制度，引进美国的社会保障制度。加强IT建设，以信息化带动工业化。为企业的进一步改革打下基础。

华为怎么办

有人将企业比成一条船，松下电工就把自己的企业比成冰海里的一条船。在松下电工，我们看到不论是办公室，还是会议室，或是通道的墙上，随处都能看到一幅张贴画，画上是一条即将撞上冰山的巨轮，下面写着："能挽救这条船的，唯有你。"其危机意识可见一斑。在华为公司，我们的冬天意识是否那么强烈？是否传递到基层？是否人人行动起来了？

华为还未处在冬天的位置，在秋末冬初，能认真向别人学习，加快工作效率的整体提高，改良流程的合理性与有效性，裁并不必要的机构，精简富余的员工，加强员工的自我培训和素质提高。居安思危，也许冬天来临之前，我们已做好了棉袄。

华为成长在全球信息产业发展最快的时期，特别是中国从一个落后网改造成为世界级先进网，迅速发展的大潮流中，华为像一片树叶，有幸掉到了这个潮流的大船上，是躺在大船上随波逐流到今天，本身并没有经历惊涛骇浪、洪水泛滥、大堤崩溃等危机的考验。因此，华为的成功应该是机遇大于其素质与本领。

什么叫成功？是像日本那些企业那样，经九死一生还能好好地活着，这才是真正的成功。华为没有成功，只是在成长。

任正非：哪有什么天生强人，有的只是强忍

华为的太平时间太长了，在和平时期升的官太多了，这也许会构成我们的灾难。泰坦尼克号也是在一片欢呼声中出的海。

我们有许多员工盲目地在自豪，他们就像井底之蛙一样，看到我们在局部产品上偶然领先西方公司，就认为我们公司已是世界水平了。他们并不知道世界著名公司的内涵，也不知道世界的发展走势，以及别人不愿公布的潜在成就。华为在这方面很年轻、幼稚，很不成熟。

华为组织结构是低效率的不均衡的运作结构。就像一个桶装多少水取决于最短的一块木板一样，不均衡的地方就是流程的瓶颈。例如，华为公司初创时期处于饥寒交迫，等米下锅的状态。初期十分重视研发、营销以快速适应市场的做法是正确的。活不下去，哪来的科学管理。但是，随着创业初期的过去，这种偏向并没有向科学合理转变，因为晋升到高层的干部多来自研发、营销的干部，他们在处理问题、价值评价时，有不自觉的习惯倾向，使强的部门更强，弱的部门更弱，形成瓶颈。有时一些高层干部指责计划与预算不准确，成本核算与控制没有进入项目，会计账目的分产品、分层、分区域、分项目的核算做得不好，现金流达不到先进水平……但如果我们的价值评价体系不能使公司的组织均衡的话，这些部门缺乏优秀干部，就更不能实现同步的进步。它不进步，你自己进步，整个报表会好？天知道。这种偏废不改变，华为的进步就是空话。

华为由于短暂的成功，员工暂时的待遇比较高，就滋生了许多明哲保身的干部。他们事事请示，僵化教条地执行领导的讲话，生怕丢了自己的乌纱帽，这些人成为对事负责制的障碍。对人负责制与对事负责制是两种根本（不同）的制度，对人负责制是一种收敛的系统。对事负责制是依据流程及授权，以及有效的监控，使最明白的人具有处理问题的权力，是一种扩张的管理体系。而现在华为的高中级干部都自觉不自觉地习惯于对人负责制，使流程化IT管理推行困难。

职业化、规范化、表格化、模板化的管理还十分欠缺。华为是一群从青纱帐里出来的"土八路"，还习惯于埋个地雷、端个炮楼的工作方法。还不习惯于职业化、表格化、模板化、规范化的管理。重复劳动、重叠的管理还十分多，这就是效率不高的根源。我看过香港秘书的工作，有条不紊地一会儿就把事做完了，而我们还要摸摸索索，做完了还不知合格否，又开一个小会审查，你看看这就是高成本。要迅速实现IT管理，我们的干部素质还必须极大地提高。

推行IT的障碍，主要来自公司内部，来自高中级干部因电子流管理导致权力丧失的失落情绪。我们是否正确认识了公司的生死存亡必须来自管理体系的进步？这种进步就是快速、正确、端对端、点对点，去除了许多中间环节。面临大批的高中级干部随IT（管理）的推行而下岗，我们是否做好了准备。为了保住帽子与权杖，是否可以不推行电子商务？这关键是，我们得说服我们的竞争对手也不要上，大家都手工劳动？我看是做不到的。沉舟侧畔千帆过，我们不前进必定死路一条。

华为存在的问题不知要多少日日夜夜才数得清楚……

但只要我们不断地发现问题，不断地探索，不断地自我批判，不断地建设与改进，总会有出路的。就如松下电工昭示的救冰海沉船的唯有本企业员工一样，能救华为的，也只有华为自己的员工。从来就没有什么救世主，也没有神仙皇帝，要创造美好的明天，全靠我们自己。

冬天总会过去，春天一定会来到。我们趁着冬天，养精蓄锐，加强内部的改造，我们和日本企业一道，度过这严冬。我们定会迎来残雪消融，溪流淙淙，华为的春天也一定会来临。

创业难，守成难，知难不难。

高科技企业以往的成功，往往是失败之母，在这瞬息万变的信息社会，唯有惶者才能生存。

|**任正非**：哪有什么天生强人，有的只是强忍

一江春水向东流

任正非

千古兴亡多少事，一江春水向东流。

小时候，妈妈给我们讲希腊大力神的故事，我们崇拜得不得了。少年不知事的时期我们崇拜上李元霸、宇文成都这种盖世英雄，传播着张飞"杀"（争斗）岳飞的荒诞故事。在青春萌动的时期，突然敏感到李清照的千古情人是力拔山兮的项羽。至此"生当作人杰，死亦为鬼雄"又成了我们的人生警句。当然这种个人英雄主义，也不是没有意义，它迫使我们在学习上争斗，成就了较好的成绩。

当我走向社会，多少年后才知道，我碰到头破血流的，就是这种不知事的人生哲学。我大学没入了团，当兵多年没入了党，处处都处在人生逆境，个人很孤立，当我明白团结就是力量这句话的政治内涵时，已过了不惑之年。想起蹉跎了的岁月，才觉得，怎么会这么幼稚可笑，一点都不明白开放、妥协、灰度呢？

我是在生活所迫，人生路窄的时候，创立华为的。那时我已领悟到个人才是历史长河中最渺小的，这个人生真谛。我看过云南的盘山道，那么艰险，一百多年前是怎么确定路线，怎么修筑的，为筑路人的智慧与辛苦佩服；我看过薄薄的丝绸衣服，以及为上面栩栩如生的花纹是怎么织出来的而折服，织女们怎么这么巧夺天工？天啊！不仅万里长城，河边的纤

夫，奔驰的高铁……我深刻地体会到，组织的力量、众人的力量，才是力大无穷的。人感知自己的渺小，行为才开始伟大。在创立华为时，我已过了不惑之年。不惑是什么意思，是几千年的封建社会，环境变动缓慢，等待人的心理成熟的一个尺度。而我进入不惑之年时，人类已进入电脑时代，世界开始疯起来了，等不得我的不惑了。我突然发觉自己本来是优秀的中国青年，所谓的专家，竟然越来越无知。不是不惑，而是要重新起步开始新的学习，时代已经没时间与机会让我不惑了，前程充满了不确定性。我刚来深圳还准备从事技术工作，或者搞点科研的，如果我选择这条路，早已被时代抛在垃圾堆里了。我后来明白，一个人不管如何努力，永远也赶不上时代的步伐，更何况是在知识爆炸的时代。只有组织起数十人、数百人、数千人一同奋斗，你站在这上面，才摸得到时代的脚。我转而去创建华为时，不再是自己去做专家，而是做组织者。在时代前面，我越来越不懂技术、越来越不懂财务、半懂不懂管理，如果不能民主地善待团体，充分发挥各路英雄的作用，我将一事无成。从事组织建设成了我后来的追求，如何组织起千军万马，这对我来说是天大的难题。我创建了华为公司，当时在中国叫个体户，这么一个弱小的个体户，想组织起千军万马，是有些狂妄，不合时宜，是有些想吃天鹅肉的梦幻。我创建公司时设计了员工持股制度，通过利益分享，团结员工，那时我还不懂期权制度，更不知道西方在这方面很发达，有多种形式的激励机制。仅凭自己过去的人生挫折，感悟到与员工分担责任，分享利益。创立之初我与我父亲相商过这种做法，结果得到他的大力支持，他在20世纪30年代学过经济学。这种无意中插的花，竟然今天开放得如此鲜艳，成就了华为的大事业。

在华为成立之初，我是听任各地"游击队长"们"自由发挥"的。其实，我也领导不了他们。前十年几乎没有开过办公会之类的会议，总是飞

任正非：哪有什么天生强人，有的只是强忍

到各地去，听取他们的汇报，他们说怎么办就怎么办，理解他们，支持他们；听听研发人员的发散思维，乱成一团的所谓研发，当时简直不可能有清晰的方向，像玻璃窗上的苍蝇，乱碰乱撞，听客户一点点改进的要求，就奋力去找机会……更谈不上如何去管财务了，我根本就不懂财务，这使我后来没有处理好与财务的关系，他们被提拔少，责任在我。也许是我无能、傻，才如此放权，使各路诸侯的聪明才智大发挥，成就了华为。我那时被称作甩手掌柜，不是我甩手，而是我真不知道如何管。今天的接班人们，个个都是人中精英，他们还会不会像我那么愚钝，继续放权，发挥全体的积极性，继往开来，承前启后呢？他们承担的事业更大，责任更重，会不会被事务压昏了，没时间听下面唠叨了呢？……相信华为的惯性，相信接班人们的智慧。

到1997年后，公司内部思想混乱，主义林立，各路诸侯都显示出他们的实力，公司往何处去，不得要领。我请人民大学的教授们，一起讨论一个"基本法"，用于集合一下大家发散的思维，几上几下的讨论，不知不觉中"春秋战国"就无声无息了，人大的教授厉害，怎么就统一了大家的认识了呢？从此，开始形成了所谓的华为企业文化，说这个文化有多好，多厉害，这并不是我创造的，而是全体员工悟出来的。我那时最多是从一个甩手掌柜变成了一个文化教员。业界老说我神秘、伟大，其实我知道自己，名实不符。我不是为了抬高自己而隐起来，而是因害怕而低调的。真正聪明的是十三万员工，以及客户的宽容与牵引，我只不过用利益分享的方式，将他们的才智黏合起来。

公司在意志适当集中以后，就必须产生必要的制度来支撑这个文化，这时，我这个假掌柜就躲不了了，从20世纪末到21世纪初，大约在2003年前的几年时间，我累坏了，身体就是那时累垮的。身体有多项疾病，动

过两次癌症手术,但我乐观……那时,要出来多少文件才能指导、约束公司的运行,那时公司已有几万员工,而且每天还在不断大量地涌入。你可以想象混乱成什么样子。我理解了,社会上那些承受不了的高管为什么选择自杀。问题集中到你这,你不拿主意就无法运行,把你聚焦在太阳下烤,你才知道CEO不好当。每天工作十多个小时,仍然是一头雾水,衣服皱巴巴的,内外矛盾交集。我人生中并没有合适的管理经历,从学校,到军队,都没有做过有行政权力的"官",不可能产生出有效文件的素质,左了改,右了又改过来,反复烙饼,把多少优秀人才烙糊了,烙跑了……这段时间摸着石头过河,险些被水淹死。

2002年,公司差点崩溃了。IT泡沫的破灭,公司内外矛盾的交集,我却没有能力控制这个公司,有半年时间都是噩梦,梦醒时常常哭。真的,不是公司的骨干们,在茫茫黑暗中,点燃自己的心,来照亮前进的路,现在公司早已没有了。这段时间孙董事长团结员工,增强信心,功不可没。

大约2004年,美国顾问公司帮助我们设计公司组织结构时,认为我们还没有中枢机构,不可思议。而且高层只是空任命,也不运作,提出来要建立EMT(Executive Management Team),我不愿做EMT的主席,就开始了轮值主席制度,由八位领导轮流执政,每人半年,经过两个循环,演变到今年的轮值CEO制度。也许是这种无意中的轮值制度,平衡了公司各方面的矛盾,使公司得以均衡成长。轮值的好处是,每个轮值者,在一段时间里,担负了公司COO的职责,不仅要处理日常事务,而且要为高层会议准备起草文件,大大地锻炼了他们。同时,他不得不削小他的屁股,否则就达不到别人对他决议的拥护。这样他就将他管辖的部门,带入了全局利益的平衡,公司的山头无意中在这几年被削平了。

任正非：哪有什么天生强人，有的只是强忍

经历了8年轮值后，在新董事会选举中，他们多数被选上。我们又开始了在董事会领导下的轮值CEO制度，他们在轮值期间是公司的最高的行政首长。他们更多的是着眼公司的战略，着眼制度建设，将日常经营决策的权力进一步下放给各BG、区域，以推动扩张的合理进行。这比将公司的成败系于一人的制度要好。每个轮值CEO在轮值期间奋力地拉车，牵引公司前进。他走偏了，下一轮的轮值CEO会及时去纠正航向，使大船能早一些拨正船头，避免问题累积过重不得解决。

我不知道我们的路能走多好，这需要全体员工的拥护，以及客户和合作伙伴的理解与支持。我相信由于我的不聪明，引出来的集体奋斗与集体智慧，若能为公司的强大、为祖国、为世界做出一点贡献，二十多年的辛苦就值得了。我知识的底蕴不够，也不够聪明，但我容得了优秀的员工与我一起工作，与他们在一起，我也被熏陶得优秀了。他们出类拔萃，夹着我前进，我又没有什么退路，不得不被"绑"着、"架"着往前走，不小心就让他们抬到了峨眉山顶。我也体会到团结合作的力量。这些年来进步最大的是我，从一个"土民"，被精英们抬成了一个体面的小老头。因为我的性格像海绵一样，善于吸取他们的营养，总结他们的精华，而且大胆地开放输出。那些人中精英，在时代的大潮中，更会被众人团结合作抬到喜马拉雅山顶。希腊大力神的母亲是大地，他只要一靠在大地上就力大无穷。我们的大地就是众人和制度，相信制度的力量，会使所有员工团结合作把公司抬到金顶的。

作为轮值CEO，他们不再是只关注内部的建设与运作，同时，也要放眼外部，放眼世界，要自己适应外部环境的运作，趋利避害。我们伸出头去，看见我们现在是处在一个多变的世界，风暴与骄阳、和煦的春光与万丈深渊并存着。我们无法准确预测未来，但仍要大胆拥抱未来。面对潮起

潮落，即使公司大幅度萎缩，我们不仅要淡定，也要矢志不移地继续推动组织朝长期价值贡献的方向去改革。要改革，更要开放。要去除成功的惰性与思维的惯性对队伍的影响，也不能躺在过去荣耀的延长线上，只要我们能不断地激活队伍，我们就有希望。历史的灾难经常是周而复始的，人们的贪婪，从未因灾难改进过，过高的杠杆比，推动经济的泡沫化，总会破灭。我们唯有把握更清晰的方向，更努力地工作，任何投机总是要还账的。经济越来越不可控，如果金融危机的进一步延伸爆炸，货币急剧贬值，外部社会动荡，我们会独善其身吗？我们有能力挽救自己吗？我们行驶的航船，员工会像韩国人卖掉金首饰救国一样，给我们集资买油吗？历史没有终结，繁荣会永恒吗？我们既要有信心，也不要盲目相信未来，历史的灾难，都是我们的前车之鉴。我们对未来的无知是无法解决的问题，但我们可以通过归纳找到方向，并使自己处在合理组织结构及优良的进取状态，以此来预防未来。死亡是会到来的，这是历史规律，我们的责任是不断延长我们的生命。

千古兴亡多少事，一江春水向东流，流过太平洋，流过印度洋……不回头。

|任正非：哪有什么天生强人，有的只是强忍

我们向美国人民学习什么[1]

任正非

1997年岁末，在西方圣诞节前一周，我们匆匆忙忙地访问了美国休斯公司、IBM公司、贝尔实验室与惠普公司。美国人都在准备休假，我们却要在这么短的时间，横跨美国大陆从东向西访问。这些大公司的许多高级人员都等着我们，给予了我们热情真诚的接待，着重介绍了他们的管理，我们得到了许多收获。

前赴后继的创新精神与浪起云涌的创新机制

我去过美国很多次，美国人民的创新机制与创新精神留给我很深的印象。他们连玩都大胆去创新，经过一代又一代人的熏陶、传递，一批又一批的移民又带来了不同文化的冲击、平衡与优化，从而构成了美国的创新文化。

越来越多的科技英雄的涌现与消亡，都对推动美国的科技进步作出了贡献。美国占据了世界60％的电子市场，我们不能不对那些在信息潮流中不断昙花一现的英雄，给予崇高的敬仰。信息潮的变幻莫测，快速的演变，使一批又一批的大企业陷入困境，以至消亡；一批又一批的小企业，成长为参天大树，大树又遭雷劈。不断的生，不断的亡，这是信息产业的

---

[1] 本文收入本书时有删减。

特点。华为由于幼稚有幸进入了信息产业，后退就是死亡，被逼上了不归路，创业者及继承者都在销蚀健康，为企业生存与发展而顽强奋斗。

纵观美国信息产业的兴亡史，令人胆战心惊。五百年春秋战国如果缩到一天内进行，谁是英雄？巨大的信息潮，潮起潮落，随着网络技术与处理技术的进步，新陈代谢的速度会越来越快。因此很难再有盖棺定论的英雄，任何过路的豪杰都会对信息业的发展以推动。我们应尊重他们，学习他们，批判地继承他们。

IBM是昔日信息世界的巨无霸，却让一些小公司"作弄"得几乎无法生存，以至1992年差点解体。为了解除困境，他们励精图治，IBM重新走上改革之路，同时付出了巨大的代价。曾经受联合国工作人员致敬的王安公司，从年销售35亿美元，到现在已经消失得无影无踪了。创立个人电脑的苹果公司，几经风雨飘摇，我们还能否吃到下世纪的苹果……再这么发展下去，发展中国家还有多少人敢进入信息产业。美国在这种创新机制推动下，风起云涌、层出不穷的高科技企业叱咤风云，企业不论谁死谁亡，都是在美国的土地上，资产与人才仍然在美国，破产只是拴住了法人，员工又可投入新的奋斗。这种从国家立场上来讲的宏观力量，永恒地代表美国的综合国力。由于信息产业的进步与多变，必须规模化，才能缩短新产品的投入时间，而几万人的公司又易官僚化。美国在科技管理上的先进也是被逼出来的。发展中国家无论从人力、物力以及风险投资的心理素质来说，都难以胜任。如果发展中国家不敢投入信息产业的奋斗，并逐步转换成实力，那么美国的市场占有率就将从60%提升到70%、80%……它占得越多，你就越没有希望。

推动技术进步的市场需求已经启动，世界近二十年来，人民生活有了较大的改善，人们从温饱开始寻求知识、信息、文化方面的享受，从而使电子技术得以迅猛发展。得到巨额利润润滑的信息产业，以更大的投入引导人们走向新的消费。这种流动使所有产业都得到润滑，互相促进了发展。

例如，中国的农民主要是缺少教育，文化低，不会种地。如果电子业向他们提供充足、理想的网络服务，通过网络，使他们得到各种培训与商业交流（如养牛、种地，假设有数十万种……），使九亿农民的素质提高，劳动力获得解放。一是种好现在的地，并进行产品的深度加工，大幅度地提高农产品的附加价值。二是多余的劳动力及资金找不到出路就会去开发荒山，绿化荒山。绿化的荒山提高了人的生存质量，人们又要向更高层次进取。那时中国大量过剩的优质劳动力在相当长的时期内，仍然比较便宜，中国在加工业上会永远有较强的国际竞争力。只要在自主开发上逐步努力提高，中国下世纪（21世纪）有望进入经济大国的行列。所以科教兴国是中国走向富强的必然之路，只有坚持十二大提出的"提高全民族文化素质"，中国才会有希望。

中国自己有庞大的市场需求，中国历史上也有冒险家，党的开放政策比较好，中国应该产生一些敢于在高科技中有所作为的公司和时代的弄潮儿，联想、北大方正……不是已经启动了吗？我们并不孤单。

优良的企业管理

IBM的副总裁送了我一本书，是哈佛大学出版的，对大项目的管理的阐述非常有道理。在财政部部长刘仲黎访问公司时，我又把这本书送了他（我们后来采购了几百本）。我们在IBM整整听了一天管理介绍，对他们的管理模型十分欣赏，对项目从预研到寿命终结的投资评审、综合管理、结构性项目开发、决策模型、筛选管道、异步开发、部门交叉职能分组、经理角色、资源流程管理、评分模型……从早上一直听到傍晚，我身体不好，但不觉累，听得津津有味。后来我发现朗讯也是这么管理的，都源自美国哈佛大学等著名大学的一些管理著述。

圣诞节美国处处万家灯火，我们却关在硅谷的一家小旅馆里，点燃壁炉，三天没有出门，开了一个工作会议，消化了我们访问的笔记，整理出一厚叠简报准备带回国内传达。我们只有认真向这些大公司学习，才会使自己少走弯路，少交学费。IBM是付出数十亿美元直接代价总结出来的，他们经历的痛苦是人类的宝贵财富。

IBM作为巨无霸一直处在优越的产业地位，由于个人电脑及网络技术的发展，严重地打击了其赖以生存的大型机市场。20世纪80年代初期IBM处在盈利的顶峰，它的股票市值超过前西德股票之和，也成为世界上有史以来盈利最大的公司。经过13年后，它发现自己危机重重，才痛下决心，实行改革，在1992年开始大裁员，从41万人裁到现在的26万人，付出了80亿美元的行政改革费用。由于长期处于胜利状态，造成的冗员和官僚主义，使之困难重重。聪明人十分多，主意十分多，产品线又多又长，集中不了投资优势。又以年度作计划，反应速度不快。管理的混乱，几乎令IBM解体。华为会不会盲目乐观，也导致困难重重呢？这是我们访美的目的。

1993年初，当郭士纳（Lou Gerstner）以首位非IBM内部晋升的人士出任IBM总裁时，提出了四项主张：①保持技术领先；②以客户的价值观为导向，按对象组建营销部门，针对不同行业提供全套解决方案；③强化服务、追求客户满意度；④集中精力在网络类电子商务产品上发挥IBM的规模优势。

其中，第④条是针对1992年IBM所面临着解体为7个公司的情况而说的。规模是优势，规模优势的基础是管理。

任正非：哪有什么天生强人，有的只是强忍

历时5年IBM裁减了15万职工（其中因裁员方法的不当，也裁走了不少优秀的人才）。销售额增长了100亿美元，达750亿美元，股票市值增长了4倍。

听了一天的管理介绍，我们对IBM这样的大公司，管理制度的规范、灵活、响应速度不慢有了新的认识。对这样一个庞然大物的有效管理有了了解。对我们的成长少走弯路，有了新的启发。华为的官僚化虽还不重，但是苗头已经不少。企业缩小规模就会失去竞争力，扩大规模，不能有效管理，又面临死亡，管理是内部因素，是可以努力的。规模小，面对的都是外部因素，是客观规律，是难以以人的意志为转移的，它必然抗不住风暴。因此，我们只有加强管理与服务，在这条不归路上，才有生存的基础。这就是华为要走规模化、搞活内部动力机制、加强管理与服务的战略出发点。

在扩张的过程中，管理不善也是非常严重的问题，华为一直想了解世界大公司是如何管理的，有幸IBM给了我们真诚的介绍。回公司又在高层进行了两天的传达与研讨，这100多页简报激起新的改革火花。

机会是企业扩张的动力

IBM明确技术领先战略，贝尔实验室更是如此。所有美国高科技公司的宗旨无不如此，没有一个公司提出跟在别人后面，模仿的战略是不会长久的。

我们有幸参观了贝尔实验室，中午还与贝尔实验室的曾院士共进了午餐，曾院士是江总书记参观贝尔实验室时被接见的20个华人之一。

我年青时代就十分崇拜贝尔实验室，仰慕之心超越爱情。后来有幸成了竞争对手（指部分产品领域）。今天有机会亲自访问，十分高兴。

我首先参观了大厅中的贝尔实验室名人成就展。在巴丁的纪念栏下照了相。后来参观实验室时，又恰好看了巴丁原来工作过的房间，我特意怀着崇敬心情去巴丁50年前发明晶体三极管的工作台前站了一会儿，并说

巴丁不仅是贝尔实验室的，也是全人类的巴丁。巴丁发明了晶体三极管，开创了人类的电子新纪元，促进了人类社会的极大发展。刚好上个月江总书记也在那儿站过，他们的科学家十分高兴，送了一个纪念巴丁发明三极管五十周年的纪念品给我，他说他也送了一个给江主席。

贝尔实验室对人类有着伟大贡献，这里产生过七位诺贝尔奖奖金获得者。贝尔实验室原来属AT&T，由国家垄断经营电信业务获得的巨大利润，支持其每年达20—30亿美元的研究经费。因此，他们出了非常多的发明，促进了全人类的进步。我年轻时听说他们每天产生一项专利，现在是每天产生4项专利，贝尔实验室现在归属朗讯，科研与预研明显向产品方向转移。但其科研能力在整个世界仍然十分超前。

我们参观了他们1997年的重大突破波分复用，和以波分复用为基础的光路由器，现在可实现几十段波长复用，以后还更多。光交换不是基于空分交换，而是波长交换。刻在一个6英寸硅片的光路由器，具有几十万门的交换能力，这意味着十年之内交换与传输将有重大的突破。我开玩笑说，以后一个邮电部部长口袋中揣一个交换机，我就去失业保障局了。

在贝尔实验室，我们首先听取了他们资深的技术主管玛丁的报告，我们主要与之讨论预测问题，华为在战略管理与项目管理上一直矛盾重重，理不顺，理又乱。玛丁开玩笑讲了几项著名的预测。

"电话作为一种通信工具，有许多缺陷，对此应该认真考虑。这种设备没有价值。"

—— 西欧联盟　　　　　1876年

"我认为世界市场上有可能售出五台计算机。"

—— 托马斯·沃特森　　IBM主席　　1943年

"未来计算机的重量可能不会超过1.5吨。"

任正非：哪有什么天生强人，有的只是强忍

—— 大众机械杂志　　　　1949 年

"无论对谁来说，640K 内存都足够了。"

—— 比尔·盖茨　　　　　1981 年

玛丁介绍了一系列重要的对未来的预测，例如，到 2010 年，0.07 微米芯片会实用化，达到硅可能达到的最高极限。其单芯片容量可达到 40 亿只晶体管。

2000 年后光纤单芯容量达 120G，波分复用系统开始实用。

2005 年无线接入的环路成本将低于有线接入。

当然也许后人也会将此预测纳入笑料。

贝尔实验室亚洲人占 11%，其中华人为多数。有许多人都取得了重大成就。

我们访问的所有公司都十分重视研发，而且研发要对行销、技术支援、成本与质量负责任，与我国的研发人员仅注意研发有较大的区别。

IBM 每年约投入 60 亿美元的研发经费。各个大公司的研发经费都在销售额的 10% 左右，以此创造机会。我国在这方面比较落后，对机会的认识往往在机会已经出现以后，作出了正确判断，抓住机会，形成了成功，华为就是这样的。而已经走到前面的世界著名公司，他们是靠研发创造出机会，引导消费。他们在短时间席卷了"机会窗"的利润，又投入创造更大的机会，这是他们比我们发展快的根本原因。华为 1998 年的研发经费超过 8 亿人民币，并正开始搞战略预研与起步进行基础研究，由于不懂，也造成了内部的混乱，因此，这次访美我们重在学习管理。学习一个小公司向规模化转变，是怎么走出混沌的。要真正培养一批人，需要数十年理论与基础的探索，至少在心理素质上就关山重重，任重道远。还不知有没有人愿意在这如火如荼的时代甘坐 10 年冷板凳，并且要冒一生心血不成

功的"懊悔"。即使成功不为人们理解，除内心痛苦之外，还有可能在大裁员时，把他也像IBM把发明光变相法的利文森错裁了一样，使IBM失去了在高精细芯片加工的技术领先与垄断地位。

在科学的入口处，是真正地狱的入口处，进去了的人才真正体会得到。基础研究的痛苦是成功了没人理解，甚至被曲解、被误解。像饿死的梵高一样，死后画卖到几千万美元一幅。当我看到贝尔实验室的科学家的实验室密如蛛网，混乱不堪，不由得对这些勇士肃然起敬。华为不知是否会产生这样的勇士。

寻找机会，抓住机会，是后进者的名言。创造机会，引导消费，是先驱者的座右铭。十年之内通信产业将面临一场革命。这场革命到来时华为在哪里？我在美国与一些资深人士交流，他们有的说计算机网络的进步会取代通信，成为全球最大的网络。通信专家说，通信技术的进步将会使通信网络包容了计算机网络，合二为一。我认为二者都有道理，在21世纪初，也许在2005年，真正会产生一次网络革命，这是人类一次巨大的机会。计算技术的日新月异，使人类普及信息技术成为可能。高速的光传输，与先进的交换与处理技术，使通信费用数十倍的降低，网络的覆盖能力增强到人们想象不到的地步，为信息的传播与使用铺平了道路。随着波分复用和波长交换，使光交换获得成功，现在实验室的单芯可传送2000G，将来会变成现实，那时候，通信费用会呈数百倍的降低，那么用户和业务的增长迅猛将难以预计。例如，中国出现六亿门大网时，会是一种什么局面，你想象过吗？

抓住机会与创造机会是两种不同的价值观，它确定了企业与国家的发展道路。混沌中充满了希望，希望又从现实走向新的混沌。人类历史是必然王国走向自由王国的历史。在自由王国里又会在更新台阶上处于必然王国。

因此，人类永远充满了希望，再过5000年还会有发明创造，对于有志者来说，永远都有机会。任何时间晚了的悲叹，都是无为者的自我解嘲。

忘我献身精神不仅仅是我们才有

我说过贝尔实验室的科学家，他们的忘我奋斗精神是令人佩服的。我以前看过一部诺贝尔科学家领奖的故事片，陈述他们像科学疯子一样，到处"胡说八道"，忙忙碌碌，走到哪儿就画到哪儿，并不考虑衬衣上不能写公式，不能作实验记录。

美国由于私人风险投资基金的推动，使得一批一批的志士，如痴如狂地去追求成功，那种奋斗不止的精神，并非我们共产党人才有。我们先不说我们是为了社会的公平，他们是追求个人利益。从纯奋斗精神来讲，美国也有焦裕禄、孔繁森。

多年来我接触相当多的美国科技人员，由于一种机制的推动，非常多的人都十分敬业，苦苦地追求着成功，这是一种普遍的现象，而非个例。比尔·盖茨在创业初期没有电视机，而是由他父亲帮他看新闻而后告诉他，有些人不理解，因此也不会理解中国的许多科技工作者在那么低的收入下的忘我奋斗与牺牲精神。理解不了两弹一星是怎么做出来的，理解不了袁隆平为什么还那么农民。大庆铁人王启明不就是这么一个苦苦探索二三十年，研究分层注水、压裂，使大庆稳产高产成为世界奇迹的吗？

拼命奋斗是美国科技界普遍的现象，特别是成功者与高层管理者。是由数百万奋斗者推动的技术进步、管理进步、服务网络的优良服务，而取得的。这种例子有很多的。

例如，自负甚高的IBM的高手，都会派到"棒子杰克"的部门去工作。由他来考验他们，这是过关的必经之路。他因为严厉使真名伯特伦反倒不出名。许多人都对他恨得牙痒痒的。他每天只睡三四个小时，有时会半夜3点起床到他管辖的某个工厂去逛逛。看看有什么问题，任何人的汇报都瞒不了他。他的工作方法曾经妨碍过他的晋升，但长久以后还是为他挣得了神秘的地位。

经过多年不断地伤人感情，人们已开始接受他的时候，他生病了，且已来日不多了。56岁的他缠绵在病床上，仍不断地批评工作，说IBM发明了工作站，让别人去创造了这个工业，自身却因官僚体系与惰性愚蠢地错失了机会。IBM非改不可。

他的上司屈勒到医院去看伯特伦，看到伯特伦用人工器官呼吸，可能活不了几天了。使上司大吃一惊的是，伯特伦临死也不忘IBM的改革，这时还推荐赫勒主持工作站的工作。赫勒是IBM的离经叛逆者，最野的野雁。

再例，伯兰是IBM企业联盟构想的提出者，后来成长为几百人的部门。企业联盟就是IBM不先派销售人员去客户那儿推销硬件，而是先派一批程序员去与客户沟通，了解客户的需求，按客户的要求在30—90天内开发一些客户需要的软件，这给客户留下很深的印象，客户在买机器时，一定会先想到IBM。由于IBM不断提供帮助，客户的消费标准被引导到IBM的标准上来了。客户都想找企业联盟，而数十个部门又不归他管。他的位置像没有内阁职位的政务委员一样，但由于IBM的组织庞大，经理十分多，推进十分困难。他警告IBM如果想保持史无前例的成就，最好全面改革。

随后他病倒了。50岁，患了脑癌。医生开刀后，发现已扩散。他躺在病床上，在病房装了一台终端，每天花好几个小时追踪他的计划进度，发出几十封到几百封电子邮件。临死前，他说了一句"我动弹不得，就像IBM一样"。

如果以狭隘的金钱观来认识资本主义世界的一些奋斗者，就理解不了比尔·盖茨每天还工作14—15小时的不间歇的努力。不带成见去认识竟

| 任正非：哪有什么天生强人，有的只是强忍

争对手，认真向他们学习好的东西，才有希望追赶上他们。

我们国家不乏有许多如两弹元勋邓稼先那样优秀的艰苦奋斗者，只要我们一代又一代的优秀青年继承他们的传统，发扬他们的精神，承先启后，继往开来，中国是有希望走在世界前列的。

华为的红旗还能打多久

这次出访有幸与深圳市原市委书记厉有为同行。共处的十来天，双方交换了许多认识。他在台上时，我们很难有半小时的沟通，这次交谈却是淋漓尽致。

华为在深圳这块土地上有了不小的发展，但不是人们都了解和理解华为的发展。不仅银行、官员、朋友……都担心发展这么快，会不会有一天垮了。当然也有一些是少数竞争对手，在不了解的情况下，作了一些不理解、不正确的分析与误导。

当然，华为也难以不断地以100%的速度增长。发生在基数小的时候，是可能的。1997年发展速度已经降下来了，以后还会不断地降下来。尽管每年净增的绝对值很大，但相对值在减少，逐步降到国际高科技企业35%的平均增长水平。

这次我们也考察了一些小公司，与华为几乎是同时起步的，年产值已达20—30亿美元，美国与华为差不多规模的公司产值都在50—60亿美元，为华为的3—5倍。华为发展不快的原因有内部原因，也有外部原因。

内部原因是不会管理。华为没有一个人曾经干过大型的高科技公司，从开发到市场，从生产到财务，从……到……全都是外行，未涉世事的学生一边摸索一边前进，磕磕碰碰走过来的。企业高层管理者大量的精力用于员工培训，而非决策研究。

摸索的速度必然较慢。外部看到华为发展快一些是员工把休息时间全牺牲了，把浪费的钱从生活中又省回来了。但掩盖不了它幼稚的本质。有一次国务委员宋健与我谈话，问我最大的收获是什么，我说"浪费"了非常多的钱用于员工培训。也许21世纪才能看到这些苹果长熟。

外部条件是社会上难以招到既有良好素质，又有国际大型高科技企业管理经验的空降部队。即使能招到，一人、二人也不行，得有一个群体。国内政策与公司实力还养不起一个群体。美国公司如果出了一项产品，登高一呼，很快就有非洲经验、欧洲经验，或熟悉亚洲文化的精英聚集。只要双方订好协议，国际市场就紧鼓密锣地开干了。华为成立十年了，海外市场走出去三年了，屡战屡败，屡败屡战，现在才开始有一些小的收获。

没大规模的市场营销，就发挥不了软件拷贝的附加值优势。企业就缺少再创新的机会与实力。

再者，中国的技术人员重功能开发、轻技术服务，导致维护专家的成长缓慢，严重地制约了人才的均衡成长。外国公司一般都十分重视服务。没有良好的服务队伍，就是能销售也不敢大销售，没有好的服务网络就会垮下来。我们与外国大公司交谈时，他们都陈述自己有一个多么大的服务网络。相比之下，华为发展并不快，资源使用上也不充分，还有潜力可以开发。

华为十分重视企业的内部管理与潜力的增长，企业的发展有十分强大的推动力与牵引力。因此充满扩张的机会，使内部的矛盾在扩张中消化。经历初期的快速扩张，使一代优秀的员工得以成长，成为骨干，为公司稳定下来后的正规管理积累了经验与管理力量。他们经历了艰苦的奋斗，具有了良好的心理素质，使公司避免了沉淀。只要持之以恒地坚持能上能下的按岗位目标责任的标准使用干部，华为的红旗是一定可以持续飘扬下去的。华为的内部凝聚力是抵御外界风暴的盾牌。只要长期坚持剖析自己、寻找自己的不足与弱点，不断地改良，避免重大决策的独断专行，实行委员会制的高层民主决策，华为的星星之火一定可以燃烧成熊熊大火。

十年之内，通信产业及网络技术一定会有一场革命，这已为华为的高层领导认识，在这场革命到来的时候，华为抓不住牛的缰绳，也要抓住牛的尾巴。只有这样才能成为国际大公司。这场革命已经"山雨欲来风满楼"了。只有在革命中，才会出现新的机遇。

中美关系的风风雨雨不影响学习美国人民

美国政府出于自己的内外政策需要，长期敌视社会主义的中国。它谋求霸权主义，以企保护其对资源的获得以及市场的占有。消灭社会主义，推行其价值观，以强加给各国人民。

中美关系时好时坏，是出于美国政府的需要，我国斗而不破的政策也是为保护自己的灵活措施。美国一边使用人权为幌子，拼命攻击中国，用台湾问题、西藏问题……干扰你，使你只有招架之力，一边它就乘机获得贸易的好处。

中国在不断地加强自身的改革，持续十几年的经济增长，有利于国内问题的解决。十五大以后，国企改革的力度加大，只要持续稳定的发展，中国的国际形象就会越来越改善。企望美国完全改变政策是不可能的。但作为强国，中国就有了说话的地位。以后更会是强大的社会，先工业化国家通过贸易自由化，使后工业化国家长期处于辅助地位。中国是一个大国，我们要像当年搞两弹一星那样，拿出伟大的气魄来，在经济上、科技上站起来。当前，应在教育上加大发展，普遍提高人民的素质，认真学习各国的先进思想，在观念上对自身实现解放。从事高科技的产业更应向美国人民学习，学习他们的创新精神与创新机制，在软件技术革命层出不穷的今天，我们充满追赶的机会。

因此，中美之间的风风雨雨还会不断地出现，但不影响我们向美国人民学习他们的创新机制与创新精神，以促进我们更快地富强起来。

开放、妥协与灰度[1]

任正非

华为的核心价值观中，很重要的一条是开放与进取，这条内容在行政管理团队的讨论中，有较长时间的争议。华为是一个有较强创新能力的公司，开放难道有这么重要吗？由于成功，我们现在越来越自信、自豪和自满，其实也在越来越自闭。我们强调开放，更多一些向别人学习，我们才会有更新的目标，才会有真正的自我审视，才有时代的紧迫感。

坚定不移的正确方向来自灰度、妥协与宽容

合理地掌握灰度，是使各种影响发展的要素，在一段时间的和谐，这种和谐的过程叫妥协，这种和谐的结果叫灰度（任正非反对为变革而变革，提出了"灰色管理"的概念，管理要适合国情；在具体实践中，坚持"七反对"，即"坚决反对完美主义，坚决反对烦琐哲学，坚决反对盲目的创新，坚决反对没有全局效益提升的局部优化，坚决反对没有全局观的干部主导变革，坚决反对没有业务实践经验的人参加变革，坚决反对没有充分论证的流程进行实用"——编者注）。

妥协一词似乎人人都懂，用不着深究，其实不然。妥协的内涵和底蕴比它的字面含义丰富得多，而懂得与实践更是完全不同的两回事。我们华为的干部，大多比较年轻，血气方刚，干劲冲天，不大懂得必要的妥协，

---

[1] 本文收录本书时有删减。

也会产生较大的阻力。纵观中国历史上的变法,虽然对中国社会进步产生了不灭的影响,但大多没有达到变革者的理想。我认为,面对它们所处的时代环境,他们的变革太激进、太僵化,冲破阻力的方法太苛刻。如果他们用较长时间来实践,而不是太急迫、太全面,收效也许会好一些。其实就是缺少灰度。方向是坚定不移的,但并不是一条直线,也许是不断左右摇摆的曲线,在某些时段来说,还会画一个圈,但是我们离得远一些或粗一些来看,它的方向仍是紧紧地指着前方。

我们今天提出了以正现金流、正利润流、正的人力资源效率增长,以及通过分权制衡的方式,将权力通过授权、行权、监管的方式,授给直接作战部队,也是一种变革。在这次变革中,也许与20年来的决策方向是有矛盾的,也将涉及许多人的机会与前途,我想我们相互之间都要有理解与宽容。

宽容是领导者的成功之道

为什么要对各级主管说宽容?这同领导工作的性质有关。任何工作,无非涉及两个方面:一是同物打交道,二是同人打交道。不宽容,不影响同物打交道。一个科学家,性格怪僻,但他的工作只是一个人在实验室里同仪器打交道,那么,不宽容无伤大雅。一个车间里的员工,只是同机器打交道,那么,即使他同所有人都合不来,也不妨碍他施展技艺制造出精美的产品。但是,任何管理者,都必须同人打交道。有人把管理定义为"通过别人做好工作的技能"。一旦同人打交道,宽容的重要性立即就会显示出来。

人与人的差异是客观存在的,所谓宽容,本质就是容忍人与人之间的差异。不同性格、不同特长、不同偏好的人能否凝聚在组织目标和愿景的旗帜下,靠的就是管理者的宽容。

宽容别人,其实就是宽容我们自己。多一点对别人的宽容,其实,我们生命中就多了一点空间。

宽容是一种坚强,而不是软弱。宽容所体现出来的退让是有目的有计划的,主动权掌握在自己的手中。无奈和迫不得已不能算宽容。

只有勇敢的人，才懂得如何宽容；懦夫决不会宽容，这不是他的本性。宽容是一种美德。

只有宽容才会团结大多数人与你一起认知方向，只有妥协才会使坚定不移的正确方向减少对抗，只有如此才能达到你的正确目的。

没有妥协就没有灰度

坚持正确的方向，与妥协并不矛盾，相反，妥协是对坚定不移方向的坚持。

当然，方向是不可妥协的，原则也是不可妥协的。但是，实现目标过程中的一切都可以妥协，只要它有利于目标的实现，为什么不能妥协一下？当目标方向清楚了，如果此路不通，我们妥协一下，绕个弯，总比原地踏步要好，干吗要一头撞到南墙上？

在一些人的眼中，妥协似乎是软弱和不坚定的表现，似乎只有毫不妥协，方能显示出英雄本色。但是，这种非此即彼的思维方式，实际上是认定人与人之间的关系是征服与被征服的关系，没有任何妥协的余地。

"妥协"其实是非常务实、通权达变的丛林智慧，凡是人性丛林里的智者，都懂得恰当时机接受别人妥协，或向别人提出妥协，毕竟人要生存，靠的是理性，而不是意气。

"妥协"是双方或多方在某种条件下达成的共识，在解决问题上，它不是最好的办法，但在没有更好的方法出现之前，它却是最好的方法，因为它有不少的好处。

妥协并不意味着放弃原则，一味地让步。明智的妥协是一种适当的交换。为了达到主要的目标，可以在次要的目标上做适当的让步。这种妥协并不是完全放弃原则，而是以退为进，通过适当的交换来确保目标的实现。相反，不明智的妥协，就是缺乏适当的权衡，或是坚持了次要目标而放弃了主要目标，或是妥协的代价过高遭受不必要的损失。

我们的各级干部要真正领悟妥协的艺术，学会宽容，保持开放的心态，就会真正达到灰度的境界，在正确的道路上走得更远，走得更扎实。